氷上旅日記

ミュンヘン―パリを歩いて

ヴェルナー・ヘルツォーク
藤川芳朗 訳
中沢新一 解説

白水社

氷上旅日記　ミュンヘン―パリを歩いて

目次

まえがき

一九七四年の十一月下旬に、友人がパリから電話をかけてきて、ロッテ・アイスナー（一八九六〜一九八三。ベルリンに生まれ、美術史を専攻、一九二七年以降は映画ジャーナリスト。一九三三年フランスに亡命、一九四五〜七四年、パリ・シネマテーク主任研究員。ヘルツォークやシュレンドルフなど、ドイツの新しい映画人を育て上げた）が重病だ、おそらく助からないだろう、といった。ぼくはいってやった、そんなことがあってたまるか、こんな時に、ドイツの映画界にとって、それも今の今こそ、かけがえのないひとじゃないか、あのひとを死なせるわけにはいかない。ぼくはヤッケとコンパス、それに最低限必要なものをつめこんだリュックサックを用意した。ブーツはとても頑丈で新しかったので、大丈夫だと思った。そしてまっすぐパリに向かった、ぼくが自分の足で歩いていけば、あのひとは助かるんだ、と固く信じて。それに、ぼくはひとりになりたかった。
途中で書いたものは、読まれることを前提にしてはいなかった。しかし、あれから四年あまりたち、小さなメモ帳をめくってみたとき、奇妙に心を動かされた。そして、見知らぬ人たちにも読んでもらいたいという気持ちが、他人の目の前でドアを大きく開け放つおびえに打ち勝った。ごく私的なところを数箇所削除しただけである。

W・H・

一九七八年五月二十四日　オランダ、デルフトにて

一九七四年十一月二十三日（土曜日）

五百メートルほど進んだところにあるパージングの病院で、早くも最初の休憩をとった。そこで曲がって西に進むつもりだった。まずはコンパスでパリがどっちの方角にあるかを確かめた。今はもうちゃんと頭に入っている。アハテルンブッシュ（ヘルベルト・アハテルンブッシュ、一九三八〜。ドイツの画家、作家、映画監督。ヘルツォークの映画『ガラスの心臓』（一九七六）の原作者）はあるとき、走っているフォルクスワーゲンのバスから飛び降りた。そのときは何ごともなかった。それですぐにもう一度おなじことをした。今度は足を折り、今は第五病棟に入院している。

レッヒ川が問題だな、とぼくはアハテルンブッシュにいった、橋がいくつもないからな。村の人は小舟で渡してくれるだろうか。ヘルベルトは、親指の爪くらいしかないごく小さなカードで占ってくれる。五枚ずつ二列にならべる。だが、占いの答えを記した紙が見つからないので、何を意味しているのかわからない。悪魔《ザ・デヴィル》の札が見える。二列めには吊し首《ザ・ハングド・マン》の札があり、逆さ吊りになっている。

太陽、春みたいだ。これにはびっくりする。どうやってミュンヘンから出ようか。この人たちの関心事は何だろう。キャンピングカーか、買い集められる事故車か、それとも洗車装置か。自分自身のことをじっくりと考えていたら、はっきりしてきたことがある、ぼく以外の世界はつじつまが合っている、ということだ。

すべてを圧倒する、ただひとつの思い、それは、ここから立ち去る、ということ。ここにいる人たちを見ていると不安になる。アイスナーは死んじゃあいけない、あのひとは死なない、そんなこと、ぼくが許さない。あのひとは死なない、死なないさ。今は死なない、あのひとはそんなことをしてはいけない。そうさ、今はあのひとは死なない、死なないからだ。ぼくの足取りはしっかりしているじゃないか。ふるえているのは地面の方だ。ぼくは、歩くときは野牛《バイソン》のごとく、休むときは山のごとし、だ。ああ、あのひとが死ぬなんて許されないことだ。あのひとは死にはしない。ぼくがパリに着くときには、生きている。きっとそうだ、だってそれ以外は許されないのだから。あのひとは死んではいけない。もっとあとになって、ぼくたちが認めたら、そのときはひょっとしたら許されるかもしれないが。

　雨で収穫が台無しになった畑で、男が女をつかまえている。草はなぎ倒され、泥だらけだ。

　ことによると、右のふくらはぎがやっかいなことになるかもしれない。それにひょっとすると左のブーツも。足の甲の前の方だ。歩いているといろんなことがつぎつぎと頭のなかを駆けめぐり、脳みそが怒り狂う。少し前方で車がもうちょっとでぶつかりそうになる。ぼくは地図を見るのが大好きだ。サッカーの試合が始まる。荒らされたグラウンドにセンターラインを引いている人がいる。近郊線のアウビング駅（ゲルメリング駅かもしれない）にバイエルンの旗が立っている。電車が通ったあと、乾いた紙屑が渦を巻いて巻き上げられ、長いこと渦を巻いていたが、そのあいだに電車は遠くに行ってしまっていた。小さな息子の手の感触がまだ手に残っていた。あの、親指が奇妙な恰好で手首の方に曲がる、不思議な小さい手。舞い上がった紙屑の渦巻きを見ていたら、心が引き裂かれそうになった。もうじき二時だ。

ゲルメリングに着いた。土地のレストラン、子供たちの初聖体拝領が行なわれている。ブラスバンド。ウェイトレスがケーキを運んでいる。常連の客たちが途中で少し失敬しようとする。ローマ街道、ケルトの土塁、空想力がものすごく活発だ。土曜日の午後、子供を連れた母親たち。子供の遊びって、本当はどんなものなんだろう。映画に出てくるのは本当の子供の遊びではない。望遠レンズを使うといいかもしれない。

今やっていることはみんなとても新しいことだ、新しい人生の一部分だ。さっきまで橋の上にいた。下はアウクスブルクに向かうアウトバーンだった。ときどき車のなかから、アウトバーンをまたぐ橋の上に立って眺めている人間を見かけることがある。今はぼくがそのひとりだ。二杯めのビール、酔いがもう膝にきている。若い男がダンボールでつくった標識のようなものを紐で二つのテーブルのあいだにぶらさげ、その端をセロファンテープでとめている。常連客が迂回しろとどなり、ウェイトレスが何の真似よといい、そのときふたたび、けたたましい演奏が始まる。常連たちは若い男がウェイトレスのスカートをめくるのを楽しみにしているが、男にはその度胸がない。

これが映画だったら、何もかも本当だと信じるだろうに。

今晩どこで寝るかなんて、気にならない。光沢のある革のジーンズを着た男が東に向かって歩いていく。ウェイトレスが「カタリーナ」とどなる、プディングをのせたタブレットを腰の高さにもったままで。そのウェイトレスがどなったのは南の方向だった、というのも、ぼくもそっちの方向に注意を向けていたからだ。常連客のテーブルから、それに答えて、「ヴァレンテ」とどなった者がいる。それで常連客たちはおもしろがる。横のテーブルの、てっきり農夫だと思っていた男が、とつぜん正体をあらわす。緑の前掛けをしている。店の主人だったのだ。しだいに酔いがまわる。前からひとつのテーブルが気にさわっていたが、苛立ちがますますひどくなる。近くにあるテーブルで、なぜかというと、コーヒーカップと皿とケーキがならべてあるのに、誰もすわっていないからだ。どうしてこのテーブルには誰もすわっていないんだ。ブレーツェル（8の字の形をしたビスケット）についている粒の粗い塩が、言葉では表せないほどぼくをうっとりさせる。このとき不意に、まったく何の理由もなく、店中がある方向を見る。ここまで歩いてきたのはほんの数キロだが、今のぼくにはわかっている、自分の頭がどうかしていることが。それを教えたのは足の裏だ。飲み物食い物にありついて、口の方に問題がなければ、足の裏に問題がある、というわけだ。そういえば、この店の前に車椅子に乗った男がいた。といっても、からだが麻痺しているのではなく、クレチン病患者で、ひとりの女性がその車椅子を押していた。でもその女性のことはよく思い出せない。牛用の軛《くびき》にランプが吊るしてある。サン・ベルナール峠を越えたむこうで、折からの雪のなか、すんでのところで鹿と正面衝突しそうになったことがある。野生の動物、それもあんなにでかいやつと出くわすなんて、誰に予測できただろう。山奥の谷というと、いつでも鱒のことが頭に浮かぶ。いいですか、この部隊は、確かに前進していますし、今この部隊は疲れているんです、この部隊の本日の任務は完了しました。緑の前掛けをしたこの店の主人は、顔をくっつけんばかりにして、メニューを見ているところをみると、ほとんど目が見えないらしい。あれでは農夫のはずはない。だってほとんど目が見えないのだから。そうとも、あれは間違いなくレストランの主人だ。店に明かりがともされた。ということは、外はそろそろ日が暮れるのだろう。アノラックを着た、信じられないほど悲しそうな子供が、二人の大人のあいだにはさまって、コーラを飲んでいる。そして拍手がわく。バンドにだ。店の主人がぼそっと、カモがよければすべてよし、という（駄洒落で、終わり（エンデ）よければ、というところを、鴨（エンテ）にしたもの）。

寒い外に出て、最初に見た牛たちの姿が、なぜか胸にこたえる。湯気の立っている、積み上げた堆肥のまわりで、そこはコンクリートになっているので、女の子が二人、ローラースケートで遊んでいる。真っ黒の猫。イタリア人の男が二人でいっしょに自転車を押している。この鼻にツンとくる田舎のにおい！カラスが東の方へ飛んでいく、そのむこうで、太陽がやっと顔を出す。湿って重い畑、森、おおぜいの人間が歩いている。シェパード犬の吐く息が白い。アリング　五キロメートル　とある。車にたいしてはじめて恐怖感をおぼえる。畑にグラビア誌を燃やした跡がある。音が聞こえる、あちこちの塔の鐘が鳴っているような音だ。霧がしだいに下がってくる、これは靄だ。畑と畑のあいだでもたつく。若い農夫の乗ったバイクが何台も、けたたましい音を立てて通り過ぎる。右手のずっとむこうの方には、あまりにもたくさんの車。サッカーの試合がまだ行なわれているためだ。カラスの鳴き声が聞こえるが、何か自分のなかに意地になってさからうものがある。見てなんかやるものか。どうとでもしろ。そんな方なんか見るものか。葉っぱより上は見ないぞ。そうさ、カラスめが、勝手にしろ。あんなやつらの方なんか見るもんか。畑に雨でびしょ濡れの手袋が片方、そしてトラクターのタイヤの跡には、冷たい水たまりができている。まだ十代なかばの連中が、バイクに乗っていっせいに死に向かって走っていく。収穫されない蕪のことが頭に浮かぶ。だが、神かけて、誓ってもいい、ぼくのまわりには収穫されていない蕪なんかどこにもない。巨大で不気味なトラクターがこっちにやってくる、ぼくをめがけてやってくる、ぼくをぺちゃんこにするつもりだ。だが大丈夫、白い発泡スチロールの箱の破片がある。これがぼくを守ってくれるさ。耕された畑のはるかむこうの方から、人の話し声が聞こえてくる。森は黒く、硬直している。透けて見えるような月が出ている、ぼくの斜め左側に、ということは南だ。まだあちこちで、単発の飛行機が飛んでいる。反啓蒙主義者《フィンスターリング》（この語は「暗闇」（フィンスター）からの派生語で、聞けば誰でも、同時に「暗闇」を思い浮かべる）がやってくるまでの、日暮れ時を無駄にはしないつもりなのだ。十歩先に進む。反啓蒙主義者は永久にくることのない日《ザンクト・ニンマーラインス・ターク》にやってくる。ぼくの足元に、黒と黄に塗った標柱が引き抜かれて転がっており、先の尖った方は北東の方角をさしている。森の入り口に犬を連れた人影がいくつか見えるが、音はぜんぜん聞こえない。このあたりには、狂犬病にかかった野生の動物がいっぱいいる。もしも今、頭の真上を音もたてずに飛んでいる飛行機に乗っていたら、一時間半でパリに着くだろうに。誰かが木を切っているのだろうか。塔の時計の音だろうか。ともかく、先に進もう。

車に乗っているとき、いかに乗っている車そのものになってしまっているか、顔を見ればわかる。部隊は今、朽ちた落ち葉に左足をつっこんで、休んでいる。リンボクがしつこくまとわりつく。ぼくがいいたいのは、言葉の方だ、リンボクという言葉がまとわりつくのだ。でも、ここにはリンボクなんかなくて、かわりに自転車の輪っぱが転がっている。タイヤはなく、横にぐるりと赤いハートのマークが描いてある。目の前のカーブに残っているタイヤの跡から、自動車が何台も道に迷ってここにやってきたことがわかる。森のホテルが横を通り過ぎる。兵舎みたいにでかい。そこには犬がいる、怪物だ、子牛だ。ぼくに襲いかかろうとしているのがすぐにわかったが、そのとき幸いドアがさっと開き、その子牛は音もたてずになかに入っていった。砂利が視界に入ってきて、やがて靴の底に感じるようになったが、その前に地面が動くのが見えた。ミニスカートの十代なかばの女の子たちが、おなじ年ごろの男の子のバイクに乗る準備をしている。家族連れに道をゆずる。娘の名前はエスターだった。収穫されていないトウモロコシ畑。冬だから、くすんだ灰色をしている。パリパリと音をたてているが、別に風が吹いているわけではない。これは死という名前の畑だ。濡れてふやけた白い手漉き紙が落ちているのを見つけ、湿った畑の方を向いている側に、何か書いてあるかどうか知りたくて、拾ってみる。そうだ、あれだったら書いてあるかもしれないぞ。実際は何も書いてはなかったが、がっかりはしない。

　デッテルバウアーという店があったが、どこもかしこもしっかり鍵がかかっていた。空のビール瓶の入ったケースが、道端で引き取りにくるのを待っている。シェパード犬、いやぼくは何をいっているんだ、あれは間違いなく狼だ、あいつがあんなにぼくの血をほしがっていなかったら、あの犬小屋は泊まるのにうってつけなんだが。というのも、藁が敷いてあるからだ。自転車が一台やってきたが、ペダルが一回転するたびに、チェーンガードにぶつかる。ガードレールが脇を通り過ぎていき、頭上には電線がある。今は電圧が高すぎて、ばちばちという音がしている。この丘はのぼっても何のおもしろみもない。真下に明かりのともった村が見える。ずっと右の方に、音はほとんど聞こえてこないが、にぎやかな通りがあるに違いない。サーチライトの光が見える。ぼくのまわりでは、まったく物音はしない。

まったく驚いたのなんのって、ひょっとしたら今晩のねぐらにしようかと、アリングの手前にあった礼拝堂に入ったところ、セントバーナード犬を連れた女性が祈っていたのだ。さらに礼拝堂の前にあった二本の糸杉にぎょっとさせられ、まったく腰を抜かすところだった。アリングではもうレストランは一軒も開いておらず、暗い墓地を、それからサッカー場を、そして新築の家の横をうろつく。その家は窓のシャッターに薄いビニールで目張りがしてあった。誰かがぼくに気づく。アリングのはずれに、フェルトの帽子みたいなものが見えたが、泥炭小屋だろうと思う。薮のなかでツグミを驚かせてしまう。大群で、あわてふためき、闇のなかをどこかへ飛んでいく。好奇心のいいなりになって歩いていったところ、恰好の場所を見つける。別荘だ。庭の入り口は閉まっていたが、池があって小さな橋がかかっている。きちんと戸締まりがしてある。ヨッシに教わった、手っ取り早い方法を使う。まず雨戸を引きはがして、それから窓ガラスを割る、それでもうこっちは家のなかだ。室内には、隅に長椅子がおかれ、太い装飾ロウソクがある。でも、このロウソクには火がつけられる。ベッドはないが、そのかわり絨毯はやわらかく、クッションが二つ、そしてまだ開けてないビールが一本。蠟でできた赤い封印用の彫り物が隅にあった。五〇年代初めのモダンな柄のテーブルクロス。その上にクロスワードパズルがのっている。苦労したのだろう、せいぜい十分の一くらいしかできていない。でも、余白に書き散らしてある文字を見ると、そこまででもう語彙力の限界にきていたらしいことがわかる。「頭を覆うもの」というのは解けているかな。「帽子」だ。発泡性のワインは。「ゼクト」。「遠くの人と話すもの」というのは。「電話」。残りを解いて、記念にテーブルの上に置いておこう。ここはすばらしいところだ。危険からはほど遠い。ああ、そうだ、ここに、長めで丸い形、と書いてある。垂直に四文字。横にならんでいるＴｅｌｅｆｏｎの１でおわることになっている。答えは書いてはなく、最初の文字、最初の枠が、ボールペンで何回も丸く囲んである。夜中の村の道を、ミルクの入ったボウルをもって歩いていた女性が、あとになっていつまでも気になる。足の調子は悪くない。ひょっとして、外の池に鱒がいるだろうか。

十一月二十四日（日曜日）

外は霧、何ともいいようがないほどの寒さだ。池には薄い氷が浮いている。鳥たちが目をさまし、騒々しくなる。橋を渡るとき、ぼくの足音がとても虚ろにひびいた。顔は、家のなかで、そこにかかっていたタオルで拭いた。そのタオルがひどく汗くさかったので、一日中そのにおいがぼくから離れないかもしれない。ブーツにトラブルのきざし、足がじかに当たるのは禁物だ。新しすぎるのだ。詰め物用のフォームプラスチックを入れてみる。そしてけもののように一歩ずつ慎重に歩く。そうやっていると、考えまでけもの並みになるような気がする。家のなかのドアの横に、鈴がぶらさがっている。真ん中に音を出す舌と引っ張るための房のついた、小さな山羊用の鐘を三つ束ねたものだ。食べろといわんばかりに、ナッツ（商標で、乾燥した木の実をチョコレートでくるんだ菓子）が二つ。ひょっとすると今日中にレッヒ川まで行けるかもしれない。無数のカラスがぼくにつきそって、霧のなかを飛ぶ。今日は日曜日、農夫が下肥を運んでいる。霧のなかでカラスの鳴き声がする。トラクターのタイヤの跡が地面に深く刻まれている。農家の中庭に、濡れた泥だらけの砂糖大根が積み上げられ、なだらかな傾斜で巨大な山になっていた。アンガーホーフと書いてある。道を間違えたんだ。霧のなかで、いくつもの村から同時に、鐘の音がひびいてくる。教会でミサが始まるのだろう。あいかわらずカラスがいる。九時。

霧のなかの神話の丘。砂糖大根を積み上げたもので、農道に沿ってつづいている。しわがれた声の犬。砂糖大根を一切れきりとって口にしたとき、ものごとの序列についていて考える。シロップにはいつでも上の方にたくさん泡があったな、と思う、砂糖大根の味がそんなことを思い出させたのだ。ホルツハウゼン。広い道路に出る。最初の農家の中庭に、何か収穫したものにビニールの防水シートがかけられ、重しに古タイヤがのせてある。歩いていると、やたらと捨てられたものが目につく。

アムパー川沿いのシェーンガイジングで少し休憩する。見渡すと、フェルトでできているような景色で、森の手前には牧草地があり、それに沿った森の木には、狩猟用の見張り場が木を組んでつくってある。そこにのぼればシェーンガイジングが見える。霧が晴れてきて、カケスが飛んでくる。ゆうべは家のなかにあった古いゴム長靴に小便をした。猟師が二人づれでやってきて、そのうちの一方が、そんなところに上がって何をしているんだ、といった。ぼくは、あんたよりもあんたの犬の方が好きだよ、といってやった。

ヴィルデンロートのホテル、アルター・ヴィルト。アムパー川に沿って歩いてきた。人気のない冬の別荘がならんでいる。年配の男が煙のなかに立って、飾り用のモミの木に吊したシジュウカラの籠に餌を入れていた。煙は煙突から出ていた。男に挨拶し、そのあと、ひょっとして暖かいコーヒーがあまっていないか、尋ねてみようかとも思ったが、結局やめた。村の入り口で老婆を見かけた。脚が曲っており、顔に狂気の気配があった。ビルト紙の日曜版をくばっている途中で、自転車を押していた。家々に近づいていくところは、まるで敵に忍び寄るようだった。子供がひとり、束にしたプラスチックの細い棒をもって、ミカド遊び（一本ずつ点数の書いてある細い棒を、机の上などに撒いて、ほかの棒を動かさずに一本ずつ取る遊び）をやろうといっている。ウェイトレスは、ちょうど自分が食事中だったので、口をもぐもぐさせながらやってくる。

店内の、ぼくがすわっている隅っこのところには、馬具が掛けてあり、そのなかに道路工事用の赤い電灯がとりつけてあって、照明に使われている。その上の方にはスピーカーがあり、ツィターの曲とヨーデルが流れている。すばらしいぼくのチロル。

掘り返された畑から、冷たい蒸気が立ちのぼっている。アフリカ人が二人、ぼくの前を歩いていた。アフリカ人特有の手振りをまじえて、会話に熱中していた。二人は最後まで、ぼくがうしろを歩いていることに気づかなかった。この森の真ん中につくられている、ホット・ガン・ウエスタン・シティ（見世物用につくられた西部劇のセット風の街並み）の、杭をならべた柵ほど情けないものには出会ったことがない。何もかもが殺風景で冷たく、むなしい。二度と動くことのない鉄道。道が長く感じられる。

広々とした畑の真ん中の街道を、何キロメートルも、まだ半分子供の、二人の村のかわいい娘《こ》ちゃんのあとを、歩く羽目になった。二人は、一方はミニスカートで小さなバッグをもっていたが、ぼくよりも多少ゆっくり歩いていたので、何キロメートルも行くうちに、ぼくはどんどん追いついてしまった。二人は遠くからぼくを見ると、また前を向いて足を速めたが、しばらくすると、またゆっくり歩きだした。村が近くなってはじめて、二人はこれで安心だと思っていた。追い越したとき、ぼくの見るところ、二人はがっかりしていた。それから村はずれの農家にさしかかった。まだかなり距離があったときから、老婆がよつんばいになっているのが見えていた。立ち上がろうとしているのだが、できないのだった。それで腕立て伏せのような恰好になっていて、はじめぼくは本当に腕立て伏せをしているんだと思った。でもじつは、からだが硬直してしまっているために、立てないのだった。よつんばいになったまま、家の角に向かって、必死で進もうとしていた。その壁のむこうには、家族がいるのだ。ゲルテンドルフの近くの集落。

丘の上から、牧場のように広がっている一帯を眺める。前方にヴァルテスハウゼンが見える。ほんの少し右を向くと、羊の群れが目に入る。羊飼いの声が聞こえるが、姿は見えない。このあたりの土地はとてもわびしく、硬直したみたいだ。遠くの方に、畑を突っ切って歩いていく男が見える。フィリップはぼくの前で、砂の上に文字を書いた。海、雲、太陽、それから自分でつくった言葉をひとつ。これまで一度だって、ひとことだって、誰かにしゃべったことのない彼が。ペステンアッカーの人々は、まるで実在する人間ではないような感じがする。さて、いつまでもこうしてはいられない。どこで寝ようか。

十一月二十五日（月曜日）

昨夜はバウアーバッハのとある藁の納屋で寝た。階下は牛小屋として使われていて、地面はどろどろで、踏み跡だらけだった。二階はまずまずだったが、ただひとつ、明かりがほしかった。夜は長く感じられたが、充分に暖かかった。外を見ると、雲が低く、動きが速い。荒れ模様で、何もかも灰色。トラクターは、充分に明るいのに、ライトをつけている。百歩ほど先の道路脇に、十字架像と小さなベンチがある。背後で太陽がのぼる。でもこれは何という日の出だろう。まず雲にほんのわずかな裂け目が生じた。そう、これはまさに、戦いの日にのぼる血にそまった太陽だ。痩せた、葉のないポプラの木。カラスが、羽根の四分の一を失ったのに、飛んでいる。きっと雨が降るんだ。ぼくのまわりの草はきれいで乾燥しているが、ひどい風をうけて揺れている。ベンチのすぐ前の耕地に、トラクターの通った跡がある。死んだように静まり返った村、仕事はおわったといった様子で、もう目をさましたくないといっているようだ。両足、とくに右のかかとに、マメができかかっているらしい。靴をはくとき、とても注意しなければならない。是が非でもシュヴァープミュンヘンにはたどり着かなくてはならない。絆創膏とお金を手に入れなければならないからだ。雲がぼくをめがけて飛んでくる。雨で畑が何と重くなっていることか。うしろの方で、危険をさとって、農家の七面鳥がわめいている。

クロスターレヒフェルトの手前。見たかぎりでは、レッヒ川は橋がなくても充分渡れそうだ。この地形はカナダを思い出させる。兵舎、波形トタンの宿舎の兵隊たち、第二次世界大戦のときの防空壕。ほんの一メートル先で、キジが飛び立つ。ドラム缶で何か燃えている。使われなくなったバス停、さまざまな色のチョークの、子供の落書き。波形のプラスチックの壁の一部が、風に揺れて音をたてている。そこに、明日停電、という通知が貼ってあるが、見渡しても、周囲百メートル以内には、電線も何も見えない。雨、トラクター。車は今もライトをつけたままだ。

レッヒ川からシュヴァープミュンヘンまで、猛烈な風と雨に見舞われる。雨と風のほか、何も気づかず、何も感じなかった。肉屋のなかで延々とねばっていた（多くの肉屋では、店内で、たいていは立ったまま簡単な食事・喫茶もできるようになっている）。そして人を殺すことを考えていた。レストランのウェイトレスは、一目見ただけで何もかもわかってくれた。それでぼくの気持ちはやわらいだ。今はだいぶいい気分になっている。外に無線パトカーと警官がいる。ここを出たら、ぐるっと遠まわりすることにしよう。銀行で高額の札をくずしたとき、カウンターの女性が今にも警報ベルのボタンを押そうとしているような気がしたが、もし押したら、おそらくすぐさま逃げ出しただろう。午前中ずっと、牛乳が飲みたくてたまらなかった。ここからはもう地図がない。とくに至急必要なのが、小型懐中電灯と絆創膏だ。

窓から外を見ると、むかい側の屋根の上に、カラスがとまっていた。雨のなか、首をちぢめ、身動きもしないで。しばらくたってからも、あいかわらずじっとしたまま動かず、寒さで凍えながら、静かにカラス的思索にふけっていた。眺めているうちに、不意に兄弟のような感情が湧いてきて、一種の孤独感で胸がいっぱいになった。

雹まじりの嵐、最初の突風をくらったとき、あやうく吹き飛ばされそうになった。山の方から空が真っ黒になってきたので、すぐに悪い予感がしてはいたのだが。今は雪にかわった。下を見ると、濡れた路面に自分の姿が映っているのが見える。一時間前から、何度も少しずつ吐く。ちょうど一飲みした分ずつだ。牛乳をあわてて飲みすぎたせいだ。このあたりの牛は、思いがけないときに突然走りだす。防腐加工した粗削りの木材でできたバス停に逃げ込むが、屋根はあるものの、西側があいているために、ぼくのいる一番奥の方まで、雪が入り込んできてしまう。強風、雪、雨、それに今度は木の葉が舞い込んできて、ぴったりとからだに貼りつき、もう隙間もないくらいだ。さあ、ここを出て、先に進むことにしよう。

森のなかで短い休憩をとる。谷を見下ろしてから、水がたまって歩くとぴちゃぴちゃ音のする草地を通って、近道をする。道路はここで大きなカーブを描いているからだ。ひどい吹雪だったが、今はまたすっかりもとの静けさを取り戻し、からだもしだいに乾いてきた。もうすぐミッケンハウゼンのはずだが、いったいどこなんだろう。まだしずくが、モミの木からその落ち葉で覆われた地面に、ぽたぽたと落ちている。馬みたいに、太もものところから湯気が立っている。丘のつづく、森の多い土地になってきた。何もかもが、ぼくにとってははじめて見るものばかりだ。このあたりの村は、近づいていくと、死んだふりをする。

ミッケンハウゼン（ミュンスターかもしれない）に入る手前で、気の向くまま、少し右に方向をかえる。両足の指の裏にできたマメが痛み、歩くということが、場合によってはこんなにもつらいものだということを、思い知らされる。電柱にのぼり、安全ベルトでからだを支えていた作業員が、何の感情もあらわさず、あからさまに、痛みに苦しんでいるぼくをじっと見下ろしていたが、ぴんと張った安全ベルトに体重をあずけると、パイプをふかしだした。その下をそっと通り過ぎると、パイプを吸うのをやめ、それからいつまでも目でぼくを追っていた。ぼくは急に、まるで根が生えたように立ち止まり、かかとでまわれ右をし、じっとその男を見つめ返した。すると突然、男のうしろに岩の絶壁が見え、そこには大きな口をあけて海に向かって叫んでいる洞窟があった。すべての川は合流して海に流れ込み、また海岸には、この地球上どこでもそうであるように、グロテスクなものが寄せ集められ、ひしめいていた。こうした一切のものの上空に、不意に奇妙な、この世のものとは思えない、笛のようでもあればすすり泣きにも聞こえる音がしたが、それは絶壁の上を旋回しているグライダーの音だった。そのむこう、東の方角に、山があり、その山のむこうからは大砲の音も聞こえてきた。そしてその山の頂上に、レーダー基地があった。謎めいた、終始だまりこくって盗み聞きしている、巨大な耳のようなのだが、じつはこれ自体が、宇宙の奥の奥まで、誰にも聞こえない叫び声を送り出しているのだ。この基地をつくったのが誰なのか、誰が操作し、誰に向けられているのか、知っている人間はひとりもいない。それとも、たとえば安全ベルトをかけて電柱にのぼっている、あの作業員が何か関わっているのだろうか。あいつはなぜあのように、ぼくの背中をじっと見ているのだろう。レーダー基地は何度も雲に隠れてしまうが、やがて雲は晴れ、太陽が沈んでいく。ぼくが立ち止まっているあいだに、何日もたち、その間、基地はじっと宇宙の果てをにらんでいる。終戦の数日前に、ザッハラングの手前の森の上に飛行機がやってきて、金属の器械を投下していった。その器械は木の梢にひっかかっていたが、目印の旗がついていたのですぐにわかった。ぼくたち子供は、その旗が木から木へと移動し、謎の器械は前進している、と信じきっていた。その夜のうちに、男たちが出かけていき、夜明けとともに帰ってきたが、何を見つけたのか、ひとことも話そうとはしなかった。

丘のつづく美しい風景、森また森、まったく静かだ。オオタカが鳴いている。ぼくの背後にある戦場記念碑の十字架には、つぎの言葉が刻まれている。日暮れには早や、朝の命も定めがたし。この世に生きてあるかぎり、死の危険のうちにあり。主よ、キリストの血によりて懇願す、われに安らかなる最期をあたえたまえ。時ながれて永遠《とわ》となるなり。

道がどんどんと南に向かっていることに、少し前から気づいていた。つまり、畑のなかへとつづいているのだ。キルヒハイム、それから森をひとつ迂回する。

早くも日が暮れかかり、やがてオーバーゲッセルツハウゼンに着く。すでにほとんど真っ暗だったので、止まらずに歩きつづける。歩いているというより、ぶらついているといったところだ。両足の痛みがひどすぎて、足を順番につぎつぎと前に出せないほどなのだ。百万歩というのは一体どのくらいなんだろう。ハーゼルバッハに向かう道は上り坂だ。暗闇のなかに、何かが建っているのが見えたが、よろよろしながら近づいてみると、汚れるだけ汚れたただの牛小屋だった。濡れた粘土質の土を牛が踏んでこねまわしたため、足が膝まで泥のなかに沈み、たちまち両足に何キロもの泥の重しがくっつく。ハーゼルバッハの手前の丘の上に別荘が二軒建っており、立派な方のドアをこじ開けて、何も壊さずになかに入る。室内には、パーティを開いた跡が残っている。それほど前のことではない。カード、飲みほしたビールのコップ、十一月のところが開かれているカレンダー。外は嵐で、なかにはネズミ。なんて寒いんだろう。

十一月二十六日（火曜日）

キルヒハイムでシェルの地図を買ってから、少しはっきりしてきた。夜中にひどい嵐があって、朝にはまだ、解けかけた雪がそこいらじゅうに貼りついていた。雨、霰、これらはあまり神聖な儀式とはいえない。家のなかには、よく見たら、田舎の雰囲気をだすために、から竿と熊手が壁に掛けてあり、ほかにも、記念メダルが打ちつけてある山歩き用の杖、十字に組んだ熊手、それに九月のプレイメイトのカレンダーがあった。窓の上に、自動のフォトスタンドで写した、この家の住人の写真があったが、一目見ただけで、ツェフやシンケルといった連中を思い出させる人たちだった。ガソリンスタンドの男が、あまりにも不思議そうな目でこっちを見たので、自分がまだ人間の姿をしていることを確かめたくて、大急ぎでトイレにかけ込んだ。だが、どうだってかまうもんか。この強い風に吹かれるまま、翼が生えてくるまで、このガソリンスタンドのまわりを飛びまわってやろう。夜になったら、こじ開けた家の王様だ、そこがぼくの城になるんだ。動かしておいた台所用の目覚まし時計が、大きな音で、最後の時をつげる。外では風が森全体を大きく揺らしている。今朝は、夜の溺死体が冷たい灰色の波に運ばれてやってきた。道端に落ちている煙草の箱が、とりわけ皺くちゃになっていないとき、ぼくをわくわくさせる。少しふくれ上がって、いくぶん死体を思い出させ、縁の硬さが多少とれて、セロファンは内側が曇っている、というやつだ。なかの空気中にあった水分が冷えて水滴になったのだ。

ロッテ・アイスナー、あのひとの容態はどうなんだろう。生きているのだろうか。ぼくは充分な速さで進んでいるのだろうか。充分に速いとはいえないだろう。この土地はあまりにも虚ろな印象をあたえ、エジプトで感じたのとおなじ寄る辺《べ》なさをおぼえる。もしたどり着いても、この道がどんなものだったか、誰にもいわないだろう。悲しい雨のなかをトラックが行く。キルヒベルク——

ハスベルク——ロッペンハウゼン、とりたてて何もいうことのないところだ。ずっと西の方に、小さなバラックの住宅がならんでいる。しかたなく定住したジプシーの住まいのように、何もかも仮のつくりだ。森の木立ちのあいだから、遠くの方が見える。モミの木が揺れてたがいにぶつかり合い、カラスが風にさからって飛び、ひとつも前に進めないでいる。大きな穀物の穂の上に、村全体がのっかっている。ひとつの穂の上に一軒ずつだ。巨大な茎の上で、堂々とした構えの家々が揺れて、入れ替わり入り交じり、村がそっくり、前後左右に揺れ、ぐらついている。モミの木の上空で、オオタカが頭を風上に向けて、ある一点で静止している。やがて風に運ばれて垂直に上昇し、反転する。ノロジカが道路に飛び出してきて、アスファルトの上ですべった、ワックスで磨いた床ですべるみたいに。とても寒い。このあたりでは、ぼくが来る前に雪が降った。平らな草地にはまだ多少残っている。枝が木の幹を突き抜けて伸びており、それを見たとたん、動転してしまった。そのうえ、死んだ村から犬が吠えるんだから。いつか、道路脇の十字架像の前で、人がひざまずいているところを、見たいものだ。朝からずっと、飛行機が低空を飛んでいるが、一度、あまりにも近くまで降りてきたので、パイロットの顔が見えたような気がする。

ケッタースハウゼン。ここまでたどり着くのがたいへんだった。まったくの疲労困憊だ。頭のなかは空っぽになってしまった。どこかのレストランで、革のソファーにすわり、ビール用ポットでビールをあたためていた、年取った年金生活者を見かけたような気がするが。主人は赤ら顔で、そのうち卒中でひっくり返りそうな男ではなかっただろうか。ここの方言はもう理解できない。マッツェンホーフェン、ウンターロート、イラーティッセン、フェーリンゲン。

十一月二十七日（水曜日）

フェーリンゲンでホテルに泊まった。朝一番に、足に貼る絆創膏と塗布用のアルコールを買った。外は大雪。長いこと、降りしきる雪を眺めていた。高校生といっしょに歩いている、修道女の列が目に入る。まったく無頓着に腕をおたがいの肩や腰にまわして、修道女が現代的な考えをもっても何ら不思議ではないんだということを、おおっぴらに示そうとしていた。何もかもが、浮かれきってだらしない、おおげさなポーズに見え、偽善を感じた。ひとりの修道女は、服の背中の大きく開いたところから、左右の肩甲骨のあいだいっぱいに彫った、鷹の入れ墨をのぞかせていた。しばらくして、アマーリエン通りで、ヴォルフガングのうしろ姿を見かけた。ヴォルフガングだということはすぐにわかった。あまりにも考えごとに熱中しているので、しゃべっているときとおなじように、頭や両手をはげしく動かして、考えをいっそうはっきりと表現しようとしていた。彼の姿は、締め切ってある家のなかから、ぼくめがけて猛烈に吹きつけてきた雪のなかで、見えなくなった。

イラー川の橋を渡り、ボイレンに向かう森のなかの道を行くと、不意に大きな空き地に出る。まわりでは、大きな、深い、死後硬直のおとずれた森が、じっと見つめている。木立ちの奥からノスリの声が聞こえてきた。すぐ近くに、水のたまった堀があり、伸びた草が水のなかで横になっていた。どうして凍らなかったんだろうと思ったほど、水のなかまで透き通って見えた。ブーツで霜を少し落としてみたら、やはり上には薄い氷が張っていた。観賞魚の水槽のガラスのように、まったく透明な氷だった。これほどうらさびしいところは、これまでどこにもなかった。森のなかを少し先へ行くと、道が交差しているところに、礼拝堂があった。階段はまっすぐ、氷のように澄んだ水たまりにつづいており、その水の底には汚いオークの葉が沈んでいた。そして、それとおなじ沈黙がぼくを取り巻いていた。

ミミズがアスファルトの道路の上で寒さをしのごうとしたらしい。全部ぺちゃんこになり、長く伸びている。一羽のゴジュウカラが木をつつく音がした。聞いていると心が落ち着くので、しばらく立ち止まっていた。それからもう少し進み、このうえなく孤独な場所、考えられるかぎりもっとも孤独な場所にさしかかると、そこにキツネがいた。尾の先の毛が白くなっていた。シュヴュプフリンゲン——ビハルフィンゲン。今は屋根のついたバス停にすわっている。すぐ近くに学校があり、ちょうど休み時間だ。子供がひとりやってきて、挨拶し、走り去っていった。牧師が通りすがりに言葉をかける。学校が子供たちを飲み込んでしまった。スズメが解けてしずくとなって屋根からポタポタ落ちてくる（屋根の上のスズメの囀りと雪解けのしずくをかけた表現）。丘の斜面の丸裸の木に、凍ったリンゴがなっている。

ラウプハイム。駅の食堂。そこで南ドイツ新聞を買った。世のなかで何が起こっているのか、まったくわからない。今日がまだ水曜日だということを確認する。頭を悩ませていたのだ。ウンターズルメティンゲン。それから森にさしかかる。濡れた地面に緑のクローバーが生えている、静かな森だ。用をたしている最中に、手を伸ばせば届くくらいのところを、ノウサギが通った。こっちには気がつかなかったようだ。左の太ももに塗布用のアルコールを塗る。そこから付け根にかけて、一歩あるくたびに痛むのだ。なぜ歩くことはこんなにつらいのだろう。誰も励ましてはくれないので、自分で自分を励ます。ボッキッヒホーフェン——ゾントハイム——フォルケルツハイム。ゾントハイムでは、警官がぼくを見ると妙な顔をして、身分証明書を見せろといった。泊まるのはむずかしそうだ。ここは場所が悪い。工場、下肥とサイロの貯蔵飼料と牛糞のにおい。

十一月二十八日（木曜日）

フォルケルツハイムを過ぎたところにあった納屋で、一夜を過ごした。午後四時半をまわったばかりだが、見渡してもあたりにはほかに何もなかったからだ。とんでもない夜だった。たけり狂う嵐に見舞われ、頑丈なつくりの小屋が揺れに揺れた。屋根裏から雨と雪が吹き込んできたので、藁のなかにもぐり込んだ。ふと目をさますと、ぼくの脚の上で何やら動物が寝ていた。こっちが動くと、そいつはこっちよりももっとあわてた。猫だったようだ。この嵐のものすごさは、生まれてからこのかた、おぼえがあるかどうか、というほどだった。闇に閉ざされた、黒い朝。あんな陰鬱な朝は、畑が病気で全滅といった、途方もない不幸のあとにしか、訪れることはない。雪は、小屋の外の、風が吹きつけた方の壁に、一面に貼りつき、畑の黒い土の上に、白い線を描いていた。風があまりにも強かったために、畝のなかまでは入り込まなかったのだ。雲が低く、ものすごい速さで流れていく。ほんの百メートルほどしか高くなっていない、小さな丘が、雪で真っ白になっている。飛び上がる一瞬しか、地面と見分けがつかないヤマウズラ。こんな陰鬱な空模様は、本当に見るのははじめてだ。雪は道路標識にべったりと貼りつき、今では全体に少し下にずれてはいるが、まだ落ちてはしまわず、ぶらさがっている。ロッテンアッカーでドナウ川にぶつかる。橋がとても特徴があるように見えたので、長いことその上に立って、流れをのぞき込んでいた。灰色の斑点のある白鳥が、流れにさからって進もうとしていたが、流れより速くは泳げないので、いつまでもおなじ場所にいた。うしろには水車のためのごみ除けの格子がひかえており、前には水が速く流れるように角度をつけたところがあり、といったわけで、白鳥の行動範囲はかぎられていた。しばらくのあいだはそこでばたばたやっていたが、結局は岸に戻るほかなかった。建築用のトラック、トラクターのタイヤの泥、突風、低い雲。あっというまに前後を小学生に囲まれる。学校がおわったのだ。村の境のところで、小学生はこっちをじろじろ見る。こっちもじろじろ見返す。ムンダーキンゲン。左の太ももがまたしても付け根のところから痛みだし、頭にくる。ほかには問題はないのに。ここでは年の市と家畜市が開かれており、どこもかしこも、ゴム長靴をはいた農夫、豚を運ぶトレーラー、それに牛でいっぱいだ。帽子と風よけのフードを買う。フードは小さすぎ、それに何とも不恰好だ。ほかに長いズボン下も買った。村を少し出はずれたところに、小さな教会があり、その脇に、人の住んでいるトレーラーがとめてある。なかから年を取った男が出てきて、束ねて支柱で支えてある、葉のないバラの木をいじりだした。ぼくは教会の角に隠れて着替えた。ちょうどその最中に、横の木にたった一枚残っていた葉が風に飛ばされ、ぼくの頭のまわりをくるくる舞った。遠くで大砲とジェット戦闘機の音がする。母が話してくれた、戦争が始まったときの様子とおなじだ。数キロ先で、低空飛行していたジェット戦闘機が生け垣を攻撃した。するとき生け垣は、すべての砲身から応射した。それはじつはカムフラージュした戦車で、疾走しながらすばやく方向転換し、疾走しながらすばやく砲撃した。一方ジェット戦闘機は、ありとあらゆる角度から襲いかかった。

汚らしい道路。やがて、ツヴィーファルテン。ここからシュヴァーベン高原が始まる。高いところではいっさいが深い雪で閉ざされている。農婦が吹雪の話をしてくれたが、何もいわずに聞いていた。ガイジンゲン。ここは、何の希望もない、疲れた人間が住んでいる、荒れ果てた村だ。雪がやみ、畑の黒い土が雪の下からまた顔を出す。ゲンキンゲンでは、もう何年も、風が吹くたびに、家のドアがばたんばたんいっている。湯気の立たなくなった堆肥の上に、スズメがいる。雪解け水が排水孔にちょろちょろと流れ込む。足は大丈夫だ。

　ガイジンゲンを過ぎると吹雪になってきた。止まらずに速足で歩く。何しろびしょ濡れなので、立ち止まったら凍ってしまうからだ。とにかく、歩いていればからだから湯気が立っている。ぼたん雪が前から、ときには横からも、猛烈ないきおいで吹きつけるので、からだをそっちに傾けていなければならないのだが、そうしているとそっち側はたちまち、モミの木とおなじように、雪で覆われてしまう。ああ、この帽子のありがたさ。古びて茶色になった写真で、ナヴァホ族の生き残った最後の人々が、吹雪のなかを、馬の背にうずくまり、毛布にくるまって、最期の地に向かうところを写したものが何枚かあるが、その写真が頭から離れず、おかげで、へこたれるもんかという気持ちがいっそう強くなる。そのうちにあたり一面、たちまち深い雪に覆われ、どこが道なのか、さっぱりわからなくなってしまった。吹雪のなかで、ライトをつけたまま、トラクターがぬかるむ畑のなかにはまり込んで、動けなくなっている。農夫はもうあきらめており、横で立ちつくすばかりだ。ぼくら二人は、この幽霊どもは、挨拶なんかしない。何というつらい道だろう。風がいつでもまともに、まったく水平に、雪を顔にたたきつけるので、焼きつくように痛い。また、道もほとんど上り坂だ。もっとも、下り坂だって、からだ中が痛むのにかわりはない。ぼくはスキーグライダーだ、横になって、この強い風に乗るんだ、からだをおもいきり前に伸ばして。まわりの森が観客だ、塩柱のように硬直してしまっている森が。その森があんぐり口を開ける。ぼくは、飛んで、飛びまわって、いつまでも飛びつづける。ほら、みんながわめいている、なぜあの男は飛ぶのをやめないんだ、と。ぼくは思う。このまま飛んでいた方がいいんだ、ぼくの脚がきかなくなっており、硬直してしまったので、着陸したら石灰のように粉々になってしまうということに、あの連中が気づくまで。飛びつづけて、何も気どられないようにするんだ。そのうちに、トラクターに乗っている葡萄作りの農夫の豆粒みたいな姿が見え、それから、おさない息子がぼくの胸に耳をあて て、まだ心臓が動いているかどうか、確かめていた。息子がいう、お父さんがくれた時計もまだ動いているよ、チクタクいっている、と。ぼくはフレジュス（南フランスの都市）の近くの、壊れたダムの絵葉書が、以前からほしいと思っていた。風景に興味があるのだ。また、ウィーンで、ドナウの橋が早朝に崩れ落ちたとき、ちょうど渡ろうとしていた目撃者は、こういっている。橋は平らなまま、ゆっくりと下の方へ下がっていったよ。ちょうど年寄りがベッドにからだを沈めるときみたいだったね。このまわりはトウモロコシ畑になっているが、トウモロコシ畑は、どちらかといえば考えごとをする場所だ。

　右のくるぶしがひどく変形してしまっている。これ以上腫れたら、どうしていいかわからない。ガンマーティンゲンへの下りで、道が曲がりくねっているので近道をしたのはよかったが、坂がきつくて、足が痛かった。急に曲がったとき、左足にショックがあって、半月板とは何かを悟る。今までは知識として知っていただけだった。あまりにもびしょ濡れなので、長いことホテルに入るのがためらわれた。だが、どんなにひどい恰好だろうが、背に腹はかえられない。ハイレ・セラシエが処刑された。遺体は、殺されたグレイハウンド犬、殺された豚、殺された鶏といっしょに焼かれた。混ぜ合わされた灰は、あるイギリスの伯爵領の畑に撒かれた。何と心を落ち着かせる話だろう。

十一月二十九日（金曜日）

よく眠れなかったので、朝のうち、つい愚痴をこぼす。郵便局から電話をする。丘を越えてノイフラにつづく、交通量の多い不快な道路を行く。道を行かずにまっすぐ突っ切るのはほとんど不可能だ。山の上のビッツで嵐にあう。すべてが雪の下だ。ビッツを過ぎ、森の上に出たところで、狂ったような大吹雪となる。その森のなかでは、雪が、竜巻のようにぐるぐるまわりながら、上から襲ってくる。だからといって、森の外の広い畑には、とても出て行く気になれない。そこでは雪が水平にたたきつけるからだ。まだ十二月にもなっていないというのに。こんなことは、このあたりでも、もう何年もなかったことだ。近くの道路を通りかかったトラックに拾われる。運転手は非常に慎重で、歩く速さでしか進まない。途中、雪にはまって動けなくなった車を、みんなですばやく押し出す。トルーデルフィンゲンで、これ以上はとても無理だということを悟る。とんでもない吹雪なのだ。タイルフィンゲンで、昨日につづいてホテルに泊まることにする。荷物を部屋の壁に掛ける。丸一日ストップだ。身動きもせず、何も考えず、停止状態に入る。ひどい町だ。かなりの数の工場、あわれなトルコ人たち。そして電話ボックスがたったひとつしかない。たぶんチビはもうベッドに入っているだろう、毛布の端をしっかり握って。もう今日から、レオポルト館で、例の映画が上映されるとのことだが、正当な評価がなされるとは思えない。

十一月三十日（土曜日）

まだタイルフィンゲンにいる。それはトンネルで始まった。車が何台もとめてあり、警察がきて、ナンバーをひかえた。ぼくたちは歓声をあげながら、車でその前を走り過ぎたが、そのときにやってはいけないことをした。つまり、家に帰ってから、ちらかっている車のなかを少し片付けようと思っていたのだが、途中ですでに片っ端から、とりわけ紙屑類を、窓の外へ放り出したのだ。突然、がらくたのなかから、警察の雑誌が二冊出てきた。そのなかに、見たこともないような美しい写真が載っていた。息をのむような、美しい国の写真だった。しかし、どうして警察の発行する雑誌にこのようなものが入っているのだろう。その国でぼくは、巨大な樹木のすばらしい群生の下にある、すばらしい道を歩いていた。梢の上にすばらしい家が建っていた。平たいつくりの、まぎれもない宮殿で、何の変哲もない樹皮と竹でできていたが、信じられないほどのすばらしさだった。オウムがわめき、それから女と子供がわめいた。誰かが上で食べた木の実の皮が落ちてきた。ぼくは不意に気がついた、そこはカンボジアのロン・ノルの宮殿だった。ただ、彼は脳卒中でからだが麻痺しているはずなので、なぜこんなことが起こりうるのか、考え込んでしまった。それから、リヒトホーフェン家のキャンピングカーが駐車していた。男はD・H・ロレンスだった。前の運転席には、子供たちが横になっていた。十一歳の女の子と十歳の男の子だ。両親はうしろの座席で眠っていた。子供たちは起き上がり、おしっこをしに行く。そこへ、音を立てずに、軍用車がやってくる。うしろに、誰の目にもふれてはならない、奇妙な行列をひきいている。子供たちは、茂みの蔭にいるので、見つからない。じつは負傷者を運ぶ担架の列だったのだが、その負傷者たちがあまりにも無残な姿なので、国民は見てはいけないことになっているのだ。看護婦がつきそっており、しかも、点滴用の液体の入った袋をたかく持ち上げている。また、負傷者はみんな、鎖でつながれたようにつながっていて、点滴の液はひとりのからだからつぎのからだへと、順々に流れていた。行列の真ん中のひとりが運ばれている最中に死ぬが、カンボジア人の看護婦はうとうとしていて気づかない。ほかの者が気づいて、その看護婦は叱られる。というのも、ひとりが死ぬと、液がつぎの負傷者に流れなくなり、そこから先にはまったく届かないからだ。そのあとで、複葉機がやってきた。ものすごく古い型だった。翼の先で地面に落ちているハンカチを拾い上げるほど、正確な操縦ぶりだった。ぼくは、ファロツキといっしょにナパーム弾の中味を調合し、外のごみ集積所で実験をした。恐怖というものの実地証明《デモンストレーション》のために、どうしても必要だったからだ。見つかってしまったが、ぼくたちはしらをきった。カラスの鳴き声が聞こえたので、跳び起きて窓を開けると、まだほとんど真っ暗な町の上を、カラスがやたらと飛んでいた。どこもかしこも、雪で真っ白だ。町は雪で封じ込められている。まったくの暗黒のなかから、朝がやってくる。これは夢ではない。大きなデパートが開店する前には、まず店員が、木馬を小さな車にのせて店の前に運び出し、コードで電源とつなぐ。あちこちで、店の主人が歩道を掃いている。

プフェフィンゲンを過ぎたところから、深い雪道になる。森のなかで、水がぼくとおなじ速さで、奇妙にひくひく波うちながら、道の上を流れていく。塩を撒いたのだ（凍結防止のため）。車が道路からとび出し、ゆるやかな斜面を突っ切って、たまたま一本しかないリンゴの木にぶつかって、とまっていた。若い連中と何人かの農夫は、うしろ向きに道路まで引っ張り上げられるというが、それにはとても人手が足りない。みんなでかたちばかり持ち上げてみる。

ツィルハウゼンではなく、ベルクフェルデンを通って行くことにする。ぼたん雪がどんどん降っているが、風はない。これなら何とかなる。ベルクフェルデンまでの上り坂は、上に行くほど、メールヒェンの世界のようになる。枝が密集して屋根のようになっている、巨大なブナの木。何もかも雪に埋もれ、とても荒涼としている。年老いた二人の農夫が、牛はたった一頭で乳はほとんど出ないといって、かわりにレモネードをくれた。シャルクスブルクを通る小道を行くことにする。それがまた何という道だったことか。最初は雪が膝まであり、どこが道なのか、まったくわからない。ついで畑を突っ切って進むと、あたりはしだいに狭まって、細い稜線のようになる。今度は道がよくわかる。野生動物の足跡、木や薮、どれもまぼろしを見ているようだ。どんなに細い枝にも、雪が綿のようにまとわりついている。靄が晴れて、はるか下の方に、村が灰色に、また黒く、見えてくる。それから、フロンメルンに向かって、森のなかの急な坂を下る。下の方は地面が湿っており、雪はすっかりやんで、薄汚れた、濡れて冷たい草が顔を出している。バーリンゲン、フロンメルン。山越えの道とくらべると、何もかも醜悪で、取るに足りない。ロスヴァンゲン。バス停で休憩。牛乳缶をもった子供が通りかかり、あまりにも物おじしないでこっちを見つめるので、おもわず目をそらしてしまう。

それから、雪、雪、雪まじりの雨、雨まじりの雪。天地創造を呪う。こんなものをつくって、いったい何の役に立つというのだ。あまりにもひどい濡れようなので、人に会わないように、人がどんな顔をするか、見なくてすむように、どろどろの牧草地を横切る。村に近づくとおどおどしてしまう。子供たちの前では、土地の人間のような顔をする。森のなかで、皆伐作業をしている樵の宿泊用のキャラバン車に押し入る。ビールはなく、あるのはちらかったがらくた、プラスチックのヘルメット、保護めがね、そしていくつもの缶に入った防腐剤だけで、息がつまるので、窓を開けておく。これでは、寝るだけにしても、狭すぎる。

タイルフィンゲン――プフェフィンゲン――ブルクフェルデン――シャルクスブルク――デュルヴァンゲン――フロンメルン――ロスヴァンゲン――ドッ

タースハウゼン――ドルメッティンゲン――ダウトメルゲン――テービンゲン――ゲスリンゲン――イルスティンゲン――タールハウゼン――ヘレンツィンメルン――ベージンゲン。ときどきヤッケのポケットを裏返しにして、濡れた雑巾のようにしぼる。イルスティンゲンでは、レストランで結婚式が行なわれていた。灰色と黒と嵐のような雲が一帯を覆っている。畑にはべとべとになった雪があり、闇がおとずれ、あたりは荒涼としており、村もなければ人影もなく、もぐり込むところもない。ヘレンツィンメルンのレストラン兼ホテルで客室について何か書いてあったが、常連のテーブルがふさがっているほかは、一階のレストランには誰もいない。だいたいぼくくらいの年恰好で、ニキビ面の青白い男が、カウンターのむこうに立っている。泊まれるかどうか、尋ねると、まずこっちを、上から下までじろじろ見た。今朝ひげをそりながら切った傷がある。ニキビがあまりにもひどいので、失礼のないように、その男の手だけ見ている。そいつは、聞いてみなければわかりません、といった。ドアのむこうへ行って、だめだという返事にはずみをつけてくるためだ。戻ってくると、部屋は全部ふさがっています、という。全部あいているのに。どうやら黙りこんでいる常連客は、ぼくのような人間は泊めないのが当たり前だと、そいつのかたをもっているらしい。ひとりの間抜け顔にははっきりと、金をもっているかどうか、わかるもんか、と書いてある。こんなにびしょ濡れでなかったら、もっと何か思いついていってやっただろうに。

ベージンゲンで、個人の家に泊めてもらう。おばあさんとその娘の二人の女性が、すぐにこちらの願いを聞き入れてくれた。ありがたいと思う。ペパーミント茶、目玉焼き、そしてあたたかい風呂を用意してくれる。テレビの天気予報では、あしたの日中は回復するでしょう、といっている。娘さんの方は、内職にピンクのブラジャーをつくっており、台所にそれが山積みになっている。そばにすわって見ていたいと思ったが、疲れすぎている。

歩きながら、地面に落ちていた紙切れを拾ってみると、誰かが細長く破いた、ハードポルノの雑誌の真ん中の四分の一ページだった。全部の写真が、もとはどうなっていたのだろうと、復元をこころみる。ぬっと突き出ている腕はどこからきているのか、からみ合った手足はどうなっているのか。女性が、裸なのに安物のアクセサリーをやたらとつけているのが、奇妙な感じだ。ひとりの女性はブロンド、男性の手の爪が不恰好だ。ほかには生殖器が断片的に見えるだけだ。

十二月一日（日曜日）

ほとんど歯のない猫が窓べで鳴いている。外は曇り空で、今にも雨が降ってきそうだ。今日から待降節、三日後にはライン川にたどり着けるだろう。はじめて太陽が少し顔を出した。これで気分がよくなるだろう、と自分にいい聞かせていたが、いざ太陽が出ると、こんどは影が横で隙をうかがいだした。

西に向かって歩いていたので、しょっちゅう前にもあらわれた。そいつ、つまりぼくの影は、昼になると足のまわりにまとわりつき、ぼくを不安でいたたまれなくした。雪で車が圧しつぶされていた。それ、つまり車は、本みたいに平らな形になってしまっていた。夜のあいだにずいぶん雪が解けて、このあたりではあちこちに大きな雪だまりができている。丘の上の方では、まだ一面雪だ。大きくひらけた土地、起伏があって、そのあいだが森になっている。畑はまた茶色になってきた。ノウサギ、キジ。一羽のキジのそぶりが気狂いのようだった。踊り、ぐるぐるまわり、奇妙な声で鳴いていたが、つがいの相手をよんでいるわけではなかった。まるで目が見えないようで、ぼくには気がついていなかった。その気になれば、素手でつかまえることもできただろうが、やめにした。牧草地の斜面を流れてきた小川が、あちこちで道を横切って流れていく。野道の真ん中で水が湧き出しており、少し下に行くと、小川が池のように広くなっていた。カラスが何かを奪い合っていて、そのうちに一羽が水に落ちた。

水のついた牧草地に、忘れられたビニールのサッカーボールが転がっている。木の幹が動物のように湯気を立てている。太ももの付け根がまた痛み出したので、ゼードルフを過ぎたところにあったベンチで休む。昨夜もすでに痛かったのだが、脚をどういう恰好にして寝ればいいのか、わからなかった。宿泊費は朝食つきで十二マルクだった。伐採された木の幹が、日が当たって表面が銀色に光り、湯気を立てている。マヒワ、ノスリ。ノスリはミュンヘンからずっとついてきている。

十二月二日（月曜日）

ベージンゲン――ゼードルフ――シュラムベルク――ホーエンシュラムベルク――記念館――ホルンベルク――グータッハ。
シュラムベルクではまだ何もかもまともだった。レストランでは、鶩鳥のロースト、スカート（カード遊びのひとつ）をやっている人たち。ひとりの男は、負けるたびに立ち上がって、いらいらしながらテーブルのあいだを歩きまわった。下の道ではなく、まず城までのぼり、そこから丘づたいに、ラウターバッハタールに向かう。何の予告もなしに、シュワルツヴァルト特有の農家があらわれ、同時に、やはり何の予告もなしに、別な方言にかわる。どうやら、コースの選択では何度もたてつづけに間違えたが、あとになってみると、正しい方向に進んでいた、といったところらしい。よくないのは、判断が間違っていたことに気づいても、引き返すだけの気力がないので、別の間違った判断で方向を修正していることだ。でも、いずれにせよ予定していた直線に沿って進んでおり、それがときどき守れなくなるだけで、したがって、ずれはたいしたことはない……。森がひらけて深い谷になり、やがて最後の農家を過ぎると、記念館まで、べとべとの雪の急な上り坂になった。頂上を越えるとふたたび道路に出た。たきぎを拾っていた、年配の、太った、貧しい女性が話しかけてきて、子供のことを、生まれてから死ぬまで、ひとりずつ順に話す。こっちが先を急いでいるのを感じとっているので、三倍早口でしゃべり、人間の運命全体を短く縮め、三人の子供の死をはしょるが、あとでかならず付け加えるつもりだ。この女性の方言は、ぼくにはわかりにくく、話の筋道をたどるのがたいへんだ。子供の世代がすっかり滅びたことを話しおえると、自分については、毎日たきぎを拾いにくるということしか、話そうとはしなかった。できることなら、もっとゆっくりしていたかった。

坂道を下る途中で、こっちもびっこをひきながら、びっこをひいている男を追い越した。ホルンベルクに向かって、道は急な下り坂になっており、膝とアキレス腱が痛む。アキレス腱はかかとのところがかなり腫れていて、型枠をはめられているような気がする。真っ暗になってから、明かりのついている家畜小屋があったので、ドアを揺さぶってみた。なかでは年配の女性が二人、ちょうど牛の乳をしぼっているところで、ほかに十歳と五歳の女の子がいた。年上の女の子は、最初のうちとてもおどおどしていた。あとでわかったことだが、ぼくを泥棒に違いないと思っていたのだ。だがしだいになついて、ジャングルや蛇や象の話をせがんだ。そしていろいろとかまをかけて探り、ぼくの話が本当かどうか、確かめようとした。台所はとてもみすぼらしく、暮らし向きは楽ではなさそうだったが、二人の女性はためらうことなく、部屋の隅に泊まらせてくれた。一方の女性は、フレディはいったいどうなってしまったのでしょうと、不思議がっていた。あんなに歌が上手で、ギターが友だちだったのに。この家にはカラスのように真っ黒な子猫がいる。尻尾の先がちょっぴり白くて、壁の蠅をつかまえようとしている。年上の子は算数の勉強をしている。その子に、それでも万が一ぼくが泥棒だったとき、これがあれば安心だろうといって、夜のあいだ、ぼくのナイフを渡しておく。

プレヒタールという谷に沿って進む。道はそうとうな上り坂で、車もめったに通らない。霧がたちこめ、空気は終始湿っている。どんどんのぼっていく。

茶色のシダが折り曲げられ、地面に貼りついている。鬱蒼たる森と霧の湧く深い谷。雲と霧が頭の上を流れていく。あちこちで雪が解け、ちょろちょろと流れている。頂上近くではずっと雲のなかを歩く。石という石から水がぽたぽたと滴っている。いつでも、小箱や捨てられたものといった、中身のない形だけのものにばかり、目が惹きつけられる。足の具合はまずまずだ。エルツァァッハで電話をする。引き返すべきだろうか。

とりあえず噴水のところで、パンをかじりながら、引き返すべきかどうか、考えた。そのあいだずっと、ひとりの女性と少女が、カーテンの陰に隠れ、そのうえインコの籠まで目隠しにもってきて、ぼくを見張っていた。こちらがあからさまに見つめていると、二人はうしろにさがった。引き返しなんかしないぞ。このまま進むんだ。ビーダーバッハタールに入る。ゆるやかな上り坂になっている、きれいな渓流の谷、そして野原、柳の切り株、美しいシュヴァルツヴァルト特有の家が建ちならぶ。オーバープレヒタールの上の方に、小学一年生の国語の教科書に出てくるような、完全な形をたもっている、きれいな水車小屋が建っており、水車がまわっている。小川に投げ捨てられていた、新品同然の女性用の自転車が、いつまでも気になった。犯罪か。喧嘩の果てのことか。何か、田舎ならではの、陰気で劇的なことがあったんだ、そんな推測をする。赤く塗ったベンチが半分水につかっている。家の上にいた猫が、玄関のドアの上の外灯に飛び降りたが、そこで立ち往生している。地面まで飛び降りるには高すぎるのだ。外灯といっしょに、風のなかでかすかに揺れている。新聞によると、先日の嵐のとき、フェルトベルクの山頂では時速一六〇キロメートルという、ハリケーン並みの風速を記録し、シュヴァーベン高原でも一三〇キロメートル以上あったという。今はずっと穏やかになっており、どんよりとして、晩秋らしくて、湿っぽくて、あちこちで水が滴り落ち、雲が低く垂れこめ、草がべたべた貼りついている。リンゴの木の下に豚がいた。草はもうなく、泥沼のような水たまりがあるだけで、巨大な母豚たちは、ぴちゃぴちゃ音のするぬかるみから、一本の足を慎重に持ち上げ、またゆっくりと下ろし、ふたたび腹まで沈んでいくのだった。牧草地を通って流れている小川で、たっぷり水を飲む。ビーダーバッハで左、つまり西に曲がり、しばらくしてどうやらこうやら山を越える。十三時半。

農夫に道を尋ねると、それが陽気な男で、すぐにこのトラクターに乗りな、ちょっと上までいくから、といった。その男と別れてから、霧のかかった森のなかをヒューナーゼーデルのてっぺんまでのぼる。そこならまわりがぐるりと見渡せるはずなのだが、のぼってみると、もくもくと勢いよく湧きあがる雲しか見えない。さびしい森のなかを下る。あちこちにトウヒが倒れて道をふさいでおり、その枝はびっしょりと濡れていた。雲の下に出ると、急に広々とした牧草地と谷が見えてきた。丘がしだいに低く、平らになって、ほぼシュヴァルツヴァルトを越えたことがわかる。西の方から陰気な雲がやってくるが、気分は最高だ。ただ、喉が乾いて、口のなかがざらざらしている。まわりは暗い森の寂寥、死んだような静けさ、だが、風だけは絶えず吹いている。見下ろす西の方では、空が黄ともオレンジともつかぬ色をしており、霰の降る直前のように暗く、その上の方では黒い霧がかかったようになっている。不意に目の前に大きな石切り場があらわれ、見下ろすとクレーターのような穴があって、そのなかの下の方には、パワーショベルが赤い水のなかでむなしく錆びついている。その横には、錆びたトラック。誰も、およそ人っ子ひとりいない。重苦しい静寂。ところが、不気味にも、これらの真ん中に、石油が火をつけられて燃えているのだ。炎が揺らぐ。風が吹く。下の方、オレンジ色の平地では、降りそそぐ雨の縞模様が見え、空には、世界の崩壊の予兆が赤々とあらわれている。列車がその平地をひた走り、山のなかを突き抜ける。車輪が焼けつき、車両が一台燃え上がる。火を消そうとするが、その車両はもう手がつけられない。先へ、とにかく一刻も早く先へ進むことが、決定される。列車は動き出し、一直線に、暗黒の宇宙空間へと突き進んでいく。宇宙の闇のなかで、車輪が赤々とかがやき、あの燃えている車両が赤々とかがやいている。想像を絶する星の崩壊が繰り広げられ、全世界が崩れ落ちて、ある一点に凝固する。光はもう逃れ出ることはできない。どんなに黒い色でも、ここでは光のように見えるだろう。そして沈黙はどよめきのように聞こえるだろう。宇宙空間には、もう何も存在するものはなく、ただひとつ、大きな口を開けた、かぎりなく黒い虚空があるだけだ。銀河は凝縮して星ならぬ星（凶星の意味にもなる）になってしまった。ひとつの幸福感が広がり、その幸福感から、つぎには、不気味なものが生まれる。これがそのありようだ。ハエとアブの大群が頭上を飛びまわり、ぼくは両腕をふりまわすが、血に飢えたやつらは、それでもどこまでもついてくる。どうやって買い物をしたらいいのか。スーパーマーケットに入っても、この頭上を飛びまわる虫の大群といっしょに、追い出されるだろう。はるかに見下ろす、黒とオレンジの混じった空で、稲妻が走り、よりにもよって、水車小屋のフレンツェルを直撃する。フレンツェルのただひとりの友人が、嵐のゼップだ。水車小屋のフレンツェルは、もう何年も、屋根裏の板囲いのなかに、閉じ込められたままだ。女房が階下で嵐のゼップとよろしくやっているためだ。フレンツェルは、この二人にスープを運んでもらっていたので、ちっともさからわなかった。

孤独とはいいものだろうか。そう、いいものだ。ただ、孤独にさきだって、劇的な光景がある。一方、気味悪く増殖するものは、ふたたび海岸に集まってくる。

十二月三日（火曜日）

泊まるところを見つけるのに苦労する。暗闇のなかで、ある家に押し入ろうとしているとき、気がつかないうちに、ベルトにつけていたコンパスを落としてしまった。サハラ砂漠に行ったときからもっていた愛着のあるもので、なくしたのは悲しい。まだ丘の上にいたとき、もうそろそろ日暮れ時だったが、森の縁で男たちの一団に出会った。こちらに背を向け、奇妙にじっとして、待機していた。そして森のなかでは、もう仕事のおわる時間なのに、まだ電気のこぎりの音がしていた。近づいてみると、森林作業を課された受刑者であることがわかった。迎えの車を待っていたのだった。上から下まで緑色の制服の監視人がついていた。あとで、窓に格子のはまったフォルクスワーゲンのマイクロバスが何台か、ぼくを追い越していった。

ライン川のほとりにすわっている。カッペルでフェリーに乗る。穏やかな水の流れ、穏やかな天気、人もほとんどいない。靄がかかっていて、ヴォージュ山脈は見えない。ゆうべはミュンヒヴァイアーで、村の真ん中にあった納屋のなかで寝た。一番上の方にだけ、ちょっぴり藁があったが、運び込まれてから間違いなく十年はたっていた。ほこりだらけで、振ってふんわりとさせることもできず、ひどい寝床だった。納屋の前の家には誰もいなかったが、あとで誰かが納屋にやってきて、鍵をあけ、下にあった薪をもっていった。注意深く聞き耳をたてていたので、薪をとりにきたのが老人で、男性で、正確には七十歳過ぎの老人で、とりにきたのが薪であると、確信をもっていえる。

とてもたくさんのカラスが南の方に飛んでいく。運送中の家畜が足で床をけり、落ち着きがない。ナネイ川を連想させるものは何もないのに、ライン川がナネイ川のような気がする。向こう岸から戻ってくるフェリーが、もう少しあちらで待っていてくれたらよかったのに、と思う。だって、人間にはこんな川くらいひとりで越える力がそなわっているはずなんだから。いっしょに三、四台の車が乗り込む。水は明るい茶色をしており、ほかに舟は見えない。このあたりの村は眠っている、でも死んではいない。Mのところに電話を入れる。心配だ。ドロー、ダンボ、ヴァントルベール、クロードのことを思う。アイスナーの新しい電話番号を教えてもらう。ほしいもの、コンパス、懐中電灯用の電池、軟膏。それ以外は何とかなる。とても暖かい。ボーフツハイムには子供とスズメがいた。正直なところ、喉がからからだ。

店で牛乳を買った。今日はこれでもう二リットルめだ。ここでは子供たちがセルフサービスの店にもぐり込み、漫画雑誌をとってきて、レジの女性の監視用の鏡には映らない、隅っこの床にすわって、大急ぎで読んでいる。ミルクで酔う。にわとりが鳴き、ドアがバタンバタンいい、太陽が照り、ぼくは教会の前のベンチで休んでいる。

平らな土地が広がっている。カラスしかおらず、あたりでさかんに鳴いている。急に心配になる。というのも、カラスの声がこんなに聞こえるのに、ほとんど見かけないのは、こっちの頭がおかしくなったせいではないのだろうかと、考えだしたのだ。ぼくに聞こえるかぎりでは、まわりは死に絶えたような静けさで、そのなかでカラスがガーガーと鳴いているのだ。なだらかにつづくヴォージュ山脈が、靄のなかから浮かび上がってくる。平地に遊園地が二つある。観覧車、お化けめぐりコースター、中世風の城。だが、何もかも荒れはて、閉鎖されている。もう完全におしまいの様子だ。二つめの遊園地には動物園もくっついている。アヒルの池、そのむこうには鹿のいる檻。トラクターが干し草を運んでいる。戦士の記念像がぼくの休憩場所だ。農婦たちはおしゃべりに余念がない。亭主たちは死ぬほどくたびれている。あちこちで、使われていないバスを見かける。さあ、行くぞ、とぼくはいう。

ボンフェルトで、幼稚園の子供たちがまわりにやってきたが、こっちをフランス人だと思っていた。ねぐらを見つけるのがむずかしい。バルまでの残りの数キロは、ある女の人が車に乗せてくれた。閉店前にコンパス、液圧式のもの、を買うことができたので、好都合だったが、この新しいコンパスには、まだ友情を感じるまでにはいたっていない。葉の落ちた木立ちのなかで、枝打ちの作業が行なわれ、たき火が燃えている。ほかにもたくさんの枝が、束にしておいてある。この町のなかでも、カラスが頭の上で鳴いている。はじめて、疲れだけで、脚にトラブルがない。ときどき左の膝が、ひょっとすると問題を起こしそうな気配があるが。右のアキレス腱は、ありったけの柔らかい詰めものを入れて、紐をそっと縛るようにしてから、以前ほどは腫れなくなった。今日はシャツとその下に着ているトリコットのシャツを洗濯しなくてはならない。両方ともひどく臭くなっているので、人のいるところに行くときは、ヤッケの前をぴったりと閉める。口に入れる水ものがやけに多い。今日は、牛乳を二リットル、ミカンを一ポンドたいらげた。いくら飲んでも、すぐにまた、唾がねっとりして重く、雪のように白くなるほど、喉が乾くのだ。泡がくっついているような気がして、人に近づくときは、口の両脇をぬぐう。イル川に唾を吐いたら、丈夫な綿のように流れていった。喉があまりにも乾くので、何を考えてもそこに行き着いてしまう。あの曲がり角のむこうに見える農家には井戸があるはずだ、とか、この店はどうして今日、つまり火曜日が、定休日なんだ、こっちはビールかコーラが飲みたくてたまらないというのに、といった具合だ。トリコットのシャツは今晩にも洗おう。これはオッフェンバッハー・キッカーズのヌーバー選手が、引退試合に着たものだ。どこかでアウベ川はいい川だということを聞いたことがあるので、ひょっとするとアウベ川に沿った道を行くことにするかもしれない。このあたりの人間の冗談は、この地に住みついて何千年という歴史から生まれたものだ。アルザス地方はフランス領である方がいいような気がする。

平地にあったごみの山が、頭にこびりついて離れようとしない。遠くからそれが見えると、どんどん足を速め、しまいには死の恐怖にとりつかれたように歩いていった。というのも、そこに着く前に、車に追い越されたくなかったからだ。狂ったように走り、息をきらしてたどりついた。最初の車がやってきたのは、着いてから数分もたってからだったにもかかわらず、呼吸が落ち着くまで、長いことかかった。すぐそばに穴があり、なかには、汚くて冷たい水と、車の残骸があった。車はドアとボンネットとトランクが大きく開いたままだった。水は窓の高さまであり、エンジンはなくなっていた。数えきれないほどたくさんのネズミを見かける。この地球上にどれほどたくさんのネズミがいるのか、誰も知らない。想像してみることもできない。ネズミは、踏みつけられた草の上を、かすかな音をたてて動きまわっている。歩いて旅をする者だけが、ネズミの姿を見ることができる。雪で覆われた畑のなかで、ネズミたちはすでに、草と雪のあいだに通路をつくりあげていたが、雪のなくなった今でも、曲がりくねったその跡が残っている。ネズミとは、友情をむすぶことが可能だ。

シュトッツハイムの手前のある村で、教会の階段に腰を下ろした。脚がとても疲れているうえに、ある心配ごとで心がかき乱されていた。不意に、すぐ隣りの小学校の窓が開いた。ひとりの子供が、言いつけられて内側から開けたのだった。その瞬間から、若い女の先生が、子供たちといっしょになって大声を張り上げるのが、聞こえるようになった。そのすさまじい声の証人が、窓の下にすわっていることに、気づかれるのはいやだったので、ほとんど足を前に出すこともできないのに、その場を離れた。ぼくは炎に向かって歩いていた。その炎は終始前方にあって、かすかに光る壁のようだった。それは、冷気の炎だった。熱ではなく、冷気だ。それは、水を一瞬のうちに氷にしてしまう炎だった。炎から氷への連想は、すぐさま氷を生じさせる。シベリアはこのようにしてできたのだ。北極光はこの炎の最後のゆらめきである。以上がことの説明だ。ラジオの発するある種の信号、とくに番組の休止の信号が、それを裏づけている。テレビの放送がおわり、ザーザーという音がして、画面がちらちらするのも、おなじ意味をもっている。さあ、いいですか、灰皿を全部もとの位置に戻して、落ち着いてください。男たちは狩猟の話をしている。ウェイトレスが洗ったナイフやフォークを拭いている。皿には教会の絵が描いてある。教会の左手に、上の方に上がっていく小道がある。そこを、伝統衣裳を着た女性が静かに歩いており、その隣りには、すでにむこう向きになった少女がいる。ぼくは二人といっしょに、教会のなかに姿を消す。店の隅のテーブルで、子供が宿題をやっている。ビールの名前がムッツィヒであることが多い。店の主人は、何日か前から親指にけがをしている。

十二月四日（水曜日）

雲ひとつなく晴れ上がった、ひんやりする朝。平野は靄に覆われているが、そこから生活の音が聞こえてくる。前方の山々は、あますところなくくっきりと浮かび上がっている。空の高いところには、霧がわずかにかかり、そのあいだから、太陽と向かい合って、夜明けの冷たい月が半分顔を見せている。太陽と月のあいだを通って、一直線に進む。心が高められる思いがする。葡萄畑、スズメ、すべてがまことにさわやかだ。ゆうべはかなりひどく、三時以降はぜんぜん眠れなかったが、そのかわり今朝は、ブーツは足に当たらず、膝や太ももも問題ない。工場の冷たい煙が静かに、垂直に、立ちのぼっている。今聞こえたのは、カラスの声だろうか。そうだ。それに、犬の鳴き声も聞こえる。ミッテルベルクハイム、アンドラウ。まわりは平和そのもの。靄。そして仕事に励む人々。アンドラウで小さな週ごとの市が開かれている。生まれてこのかた、見たことがないような、石の噴水で休憩する。ここでは葡萄栽培がすべてを支えており、それがこの村々の苦難に耐える力になっている。アンドラウの教会で、神父がミサの曲をうたい、そのまわりには聖歌隊の子供たちが集まっている。ほかには、ミサにきた年配の女性が数人いるだけだ。外の小壁《フリーズ》にそって、グロテスクきわまりない、ロマネスク様式の彫刻がならんでいる。村はずれに別荘が点在しているが、冬のあいだはみんな閉まっている。でも、押し入るのは比較的簡単だろう。近くに養魚池がいくつかならんでいるものの、力尽き、干上がって、草、それに藪が、一面に生い茂っている。小川に沿って、坂道をのぼっていく。

すばらしい朝だ。心とからだの調和が申し分なく、どんどんとのぼっていく。スキー・フライングのことを考えているうちに、滑空しているみたいに、からだが軽く感じられるようになる。あちこちにミツバチとその巣箱があり、谷間には、上の方までいたるところに、別荘が建っている。一番きれいな別荘を選んで、これからすぐに押し入って、一日中そこで過ごそうかとも考えたが、歩くのにはもってこいの天気だったので、先に進むことにした。はじめて、自分が歩いているということを忘れ、低木しか生えていないところに着くまで、考えごとにふけっていた。空には雲ひとつなく、空気はあくまでもすがすがしかった。上の方には少し雪がある。ミカンがぼくをたまらなく幸福にする。

十字路。ここからの標示がはっきりしない。まわりのいたるところに、皆伐作業現場と青い煙を上げる樵のたき火が見える。まだあいかわらずさわやかで、草には露がやどっている。今まで、まだ一台も車を見ていない。また、通りかかった家の半分にしか、人が住んでいない。真っ黒なシェパードが、黄色の目で、通り過ぎるぼくをじっと見送っていた。うしろで枯れ葉が落ちて、カサカサという音がしたとき、鎖につながれていたことを知っていながら、あの犬が追ってきたのだと思った。朝からずっと、ひとりの人間にも会わない。澄み切った風が木の梢をさらさらと吹きわたり、遠くまでじつによく見える。今は俗世とはもはや無縁になる季節だ。翼のある大きな爬虫類が、音をたてずに、飛行機雲を残し、頭の上を一路西に向かって飛んでいく。それはパリに向かって飛んでおり、ぼくの心もいっしょに飛んでいく。これは車に乗っていたのではは気がつかないが、じつにたくさんの犬がいる。それにたき火のにおい。嘆きの木。皮をむかれた木が水を滴らせている。ふたたび足元で、影がいつまでも隙をうかがっている。ブルーノは逃亡中だ。夜になると、無人のリフト・ステーションにもぐり込む。時季は十一月のはずだ。リフトを動かすメインスイッチのレバーを押す。一晩中、リフトは無意味に動き、ゲレンデ全体にこうこうと照明がともっている。つぎの朝、警察がブルーノを逮捕する。話の結末はこんなふうになるはずだ。

上へ上へとのぼっていく。まもなく雪線にたどり着いたが、積雪の始まりは標高八百メートルあたりらしい。さらにもっとのぼっていくと、雲のなかに入る。あたりは霧のなかのように湿っぽくなり、道がなくなる。農家で道を尋ねる。農夫は教えてくれた。あんたのいう通りだよ、雪のなかを突っ切ってブナの森を上がっていけば、間違いなくル・シャン・ドゥ・フ街道にぶつかるとも。雪が半分解けており、足跡がわずかに見えるが、それもやがて、消えてしまう。森には霧がかかって濡れそぼり、もう今から、山のむこうではろくなことはないぞ、と思う。農家の名前はゲルバーヒュッテだった。雲に閉ざされ、死のような静けさだ。場所を確認するのは不可能で、方向しかわからない。確かに頂上に着いたのに、道路に出ないので、深い森のなかでいったん立ち止まる。結局のところ、面食らったのはトウヒの木立ちのためだった。どこで間違えたのか、考えてみる。西に向かって進んでいくほかに、方法はない。地図の袋をしまおうとして、森のなかにごみが落ちているのに気がつく。モーターオイルの空き缶そのほか。みんな、走る車のなかから捨てたとしか考えられないものだ。そのとき、さがしていた街道が、じつは、そこから三十メートルほどのところを通っていることがわかる。この霧のなかでは、せいぜい二十メートルくらいしか見えず、はっきりと見えるのは、数歩先までなのだ。濃霧のなかを、道路を北にたどって行くと、真ん中に灯台のような展望台のある、風変わりな円形広場にぶつかる。突拍子もない風、びしょ濡れになる霧。風よけのフードを引っ張り出してかぶり、あのような朝の天気からすれば、何もかも信じられない気持ちになって、大声でしゃべりながら歩く。ときどき道路に、白いペンキで書いた三本の線の標示があるが、しばらく何もないと思っていると、たてつづけにあったりする。北の道を行くべきか、南にするか、大いに迷う。あとになって、結局どちらの道を行ってもよかったことがわかる。ぼくは両方の狭い道のあいだを通って西に出たのだが、一方はベルフォス経由でフデイにいく道、もう一方はベルモンを通って下る道だったのだ。急な坂と強烈な風。空のスキーリフト。顔の前に手をもってきても見えない。これは決まり文句ではない。実際、ほとんど見えないのだ。なんじら、蝮の一族《うから》よ、邪な心をもちつつ、いかにして正しきことがいえようぞ。わが望みは火ともすこと。されど火はすでに燃えてあり、ならばほかになにを望もう。もしもなんじらに塩あらずば、わがおののきいやますばかり（この箇所の原文はルター時代のドイツ語で書かれている）。そうこうするうちに嵐になってきた。霧はいっそう濃くなり、猛烈な速さで道の上を流れていく。ハイキング客目当てのガラス張りのレストランに、人が三人すわっている。雲と雲にはさまれた恰好で、まわりを囲むガラスに守られている。ウェイトレスの姿がいっこうに見えないので、死人がもう何週間もじっとすわっているんだ、という考えが、頭のなかをよぎる。確かにこの時間帯では、店はやっていないはずだ。あの人たちは、もう何時間、ああやってじっとすわっているのだろう。ベルモンは田舎で、何もないところだ。千百メートルのところを走っていた道が、今度は川に沿ってつづら折りに下っていく。ふたたび、樵と煙を上げるたき火が見える。そして、標高七百メートルのところで、急に雲がなくなるが、その下ではわびしい霧雨が降っている。見渡すかぎり灰色の空に覆われ、人気がない。濡れた森に沿って、坂道を下る。ヴァルダースバッハでは、もぐり込んで泊まれるようなところはひとつもなく、仕方なしに、暗くなる前にフデイでどこかさがそうと、足を速めた。しかし、フデイでも見つからなかったので、村の真ん中にあって、人の住んでいる家に囲まれてはいたが、どこもかしこも完全に鍵のかかっているホテルに押し入ることにした。ところが、ひとりの女の人がやってきて、ひとことも口をきかずに、こっちのすることを見守っていた。それでやむをえず、あきらめることにした。

村はずれの、長距離トラック用の休憩所で、何か食べることにする。若いカップルが店に入ってくると、西部劇でよくあるように、そこにいた数人の男たちのあいだに、緊張した空気が流れた。となりのテーブルでは、ひとりの男がワインを飲んで寝てしまっているが、この男も寝ているふりをしているだけで、本当は様子をうかがっているのだろうか。小さなリュックサックを、たいていは左肩にかけて、腰にのせるようにしているのだが、歩くたびにからだに当たって、ヤッケの下に着ているセーターに、すでにこぶしくらいの大きさの穴があいてしまった。今日は、ミカンとチョコレートを少し口にしただけで、ほかには何も食べていなかった。水は小川で、動物みたいな恰好をして飲んだ。もうそろそろ食事がきてもいいころなのだが。注文したのはウサギの肉とスープだ。どこかの市長が、飛行場でヘリコプターから降りようとして、プロペラで首をちょん切られた。かかとのつぶれた上履きをはいた、長距離トラックの運転手が、あたりを見まわしながら、ひどく曲がったゴロワーズを一本とり出して、まっすぐにせず、そのまま火をつける。太ったウェイトレスが、様子をうかがっている男たちの沈黙を無視して、ぼくに話しかけてきた。店の隅におかれたフィロデンドロン（観葉植物）は、さぐるように気根をラジオのスピーカーのなかに伸ばし、支えにしている。そこには、小さなインディアンの人形も置かれている。立った姿で、右腕は高く伸ばして太陽を指さし、左腕は折り曲げてその右腕を支えている。ストラスブールでは、ヘルヴィオ・ソートー（チリの映画監督。作品『硝石戦争』（一九六九）など）とサンヒネス（ホルへ・サンヒネス、ボリビアの映画監督。作品『コンドルの血』など。ソートーもサンヒネスも南米インディオの歴史と第三世界の問題をテーマとしている）の映画が上映されている。二、三年遅れではあるが、まあ、とにかく上映はされているのだ。カウンターの脇のテーブルにすわっている男は、カスパールという名前だ。やっとひとこと、ひとつの名前が、口にされたというわけだ。

　フデイから少し下ったところで、ねぐらをさがす。すでにあたりは真っ暗で、びしょ濡れで、寒い。足もそれ以上はいうことをきかなかった。すぐ近くに人の住んでいる家があったが、頭よりも力にものをいわせて、空き家に押し入る。なかでは何か工事をしているらしい。外では嵐が荒れ狂い、ぼくは燃え尽き、力尽き、感覚もなくなって、社会から追放された人間のように、台所にすわっている。台所を選んだのは、ちょっと明かりがほしいのだが、木の雨戸があって直接明かりが外に漏れないのは、ここだけだからだ。子供部屋で寝ることにしよう。もし万が一、今現在も人がここに住んでいて、帰宅するようなことがあった場合、一番逃げ出しやすいところだ。しかし、あしたの朝、職人が来るのは間違いない。いくつかの部屋の床や壁が修繕の途中で、だから靴や道具やヤッケが、夜のあいだここに置いてあるのだ。休憩所で買ったワインを飲んで酔う。あまりにもさびしいので、しゃべってみようとしたが、声が思ったように出ず、ただピーピーいうだけだった。声域が定まらず、途方にくれてしまった。それですぐに立ち上がり、外に出た。家のまわりでは、何とものすごく、風が吠え、ピューピューと鳴り、木がうなっていた。あしたはとても早く、男たちが来るまえに、ここを出なくては。朝の光で早く目がさめるように、木の雨戸を開けておこう。だがこれは、とても危険だ、割れた窓が見えてしまうから。ベッドカバーの上のガラスの破片を払い落とす。ベッドの脇には、ベビーベッド、おもちゃ、それにおまるが、置いてある。書いてはみたが、こんなことはみんな、どんな描写よりも無意味なことだ。頓馬な煉瓦職人め、このベッドで寝ているぼくを見つけるがいい。外では、風が森を大きく揺らしている。

夜中の三時に起きて、小さなヴェランダに出てみた。荒れ模様で、低い雲、謎めいた、作り物の舞台装置だ。手擢りのむこうで、フデイの明かりがぼんやりと奇妙に浮かび上がっていた。まったく無意味なことをしている、という感じがする。アイスナーはまだ生きているのだろうか。

十二月五日（木曜日）

朝、とても早く出発。家のなかに目覚まし時計があることには気づいていたが、それがチクタクと、あまりにも気になる、大きな音をたてていたので、戻って取ってきて、少し先の茂みのなかに放り込んだ。フデイを過ぎるとすぐに、最悪のどしゃ降りとなり、しかも雹がまじっていた。真っ黒な雲だけですでに、いやな予感を抱かせるに充分だった。まだ夜明け前の闇のなかで、木の下に逃げ込んだ。下の方に道路が見え、川のむこう側には線路がつづいている。まったくやりきれない天気だった。もう少し先に行くと、いっそうひどくなった。道路の上手のモミの木の下でしゃがみこんだ。雨よけのケープをはおったが、もうほとんど役に立たない。トラックが何台も、ものすごい音をたてて通り過ぎるが、こっちには気がつかない。こっちは枝の下にいる動物だ。道路に落ちたオイルが、丘の上の方へとつづいており、さまざまな色に見える。まったくひどいどしゃ降りだ。森の一部分みたいな顔をして立っている。そのうちに、バイクに乗った農夫に見つかった。そいつは、ちょっとのあいだ止まって、こっちをけげんそうに見つめ、ただひとこと、ムッシューといった。ほかには何もいわなかった。大きなモミの木が、暴風のために、スローモーションでかき混ぜられ、ぐるぐるまわされ、引きはがされて、たがいにぶつかり合いながら揺れているのを見ていると、目がまわりそうになった。一目見るだけでもう充分だ、それだけで、道路の真ん中で気絶してしまいそうになる。オーケストラが登場する、しかし、演奏はせず、音楽の衰退について、聴衆と議論を始め、もう収拾がつかない。そこには長い机があり、一番前にひとりの演奏家がすわる。この男は完全にうわの空で、指であまりにも変なふうにもったいぶって髪の毛を掻き上げるので、ぼくは大笑いし、笑いすぎてからだが痛くなる。目の前にできた虹が、不意にこのうえなく大きく確かな期待を抱かせる。虹は、歩く者の前そして上にあらわれる、何ともいえない標徴《しるし》だ。みんな歩いて旅をするべきだ。

ル・プチ・ラオンには、ゲシュタポによって連れ去られた人々の記念銘板がならんでいる。一九六八人。ということは、少なくとも村の人間の半分が連れ去られたことになる。長いこと、その銘板に見入っていた。その間、若い女性が近くの家の階段から見つめていることに、気がつかなかった。役場が開いていたら、なかに入っていって、ここで何が起きたのか、尋ねていただろう。

セノヌには、まったく信じられないような教会がある。むかいのカフェーから声が聞こえたので、そこに入ってコーヒーとサンドウィッチを注文した。まわりには、村の若い怠け者たちがたむろしている。そのなかのひとりは、ビリヤードがあまりにも下手くそで、ひとりでやっているのに、ごまかしをしている。ぼくとおなじテーブルにすわっているアルジェリア人は、困りはてた顔をしている。メニューが読めないので、注文するわけにいかないのだ。カフェーの前に、屋根に干し草をたくさん積んだ、真新しいシトロエンの乗用車が止まっている。

ラオン・レタップで、このまま歩きつづける方がいいのかどうか、長いこと考えた。というのも、このあたりでは町と町の間隔がとても大きく、つぎの少し大きな町まで行くには、また二十キロメートルは歩かなければならないからだ。外観の美しい、小さなホテルが目に入り、決心がついた。それに、そろそろ一度からだをきれいに洗う必要がある。郵便局からミュンヘンに電話をいれる。今回はすこしいい知らせをうけとった。それからここまでのあいだの道では、大きなトラックがつぎつぎと通り、とても不安になった。町の入り口では、はじめ鉄道の線路と製紙工場がつづいており、よい印象ではなかったが、町の中心に近づくにつれて、心配は薄れた。バーで、まだ十代なかばの連中が、見たこともないほど乱暴に、サッカー・ゲームをやっている。ここの人たちは声が大きいが、気持ちのいい大きな声だ。嵐ね、さっきは雹が降ったわ、今日は焼きリンゴをつくるつもりよ、とマルティエがいう。ぼくの靴は、底はしっかりしているが、かかとが見るからにすり減っている。リュックサックが当たってあいたセーターの穴も、大きくなる一方だ。今日は、とくにセノヌに着くまで、とても絶望的な気分だった。自分自身や架空の人間との長い対話。丘の上には、まだ重い雲が低く垂れこめている。丘はしだいに低くなってきている。でも低くなるほかにどんな変化のしようがあるというのだ。右のアキレス腱には注意が必要だ。まだ倍の太さに腫れている。でも、さわってみると、以前ほど危機的な状態ではないことがわかる。あそこでは、乱暴者に見せるために、普通のベルトではなくパラシュート部隊員のベルトをした少年が、やけに落ち着きはらって、マッチ棒を歯のあいだにくわえながら、十代の少女が三人いるテーブルにすわろうとしているところだ。少女たちはおびえている。そのうちのひとりは爪を強烈なライトブルーに塗っている。こっちには、歯が全部金歯のおばさんがいる。このテーブルで、誰かぼくのくる前にタバコをすったな、と、灰皿を見て思う。フランス語の文章をすらすらいえるようにする。あした、もし雨が降らなければ、六十キロメートルくらい進めるかもしれない。

十二月六日（金曜日）

レストランでは、まだ椅子がテーブルの上にのせたままになっていたが、ころよく朝食をもってきてくれた。前の方にいる二人の掃除婦をのぞけば、ほかに誰もいない店のなかで、ウェイトレス自身がぼくとならんで朝食をとっている。ぼくたちは二人ともおなじ方を、つまり通りの方を、見ていた。ぼくはウェイトレスの方を見たいと思ったが、ぼくにしろ彼女にしろ、相手の方に視線を向ける勇気がなかった。あるひそかな、抵抗できない強さをもつ理由から、それは許されなかった。彼女も、おなじ抵抗できない圧力を感じていた、と確信している。彼女はまっすぐ前を見つめていた。おなじ圧力が、ぼくたち二人を押さえつけていた。ぼくは、通りの角にある、売店のようなところの前にできた行列に、ならんでいた。目の前に店が見える。ぼくがならんでいたのは、劇映画をまるまる一本撮るのに必要な、フィルムを買うためだった。土曜日で、五時の閉店の少し前だった。日曜日に映画をそっくり撮影するつもりだった。売店にはありとあらゆるものがおいてあり、甘草のエキスもあった。突然、店のなかのとっくりのセーターを着た太った男が、五時きっかりにシャッターを下ろし始め、こっちの鼻先で店を閉めた。もう三十分もならんでいたことを、知っていながらだ。その店にあるコダックのフィルムが全部必要なのに。そこでぼくは、人がやっと立てるくらいの高さしかない、小さな脇の出入り口に行って、店の男に、ほしいのは甘草のエキスなんかじゃない、この店にあるコダックのフィルム全部なんだ、といった。すると男は、店から出てきて、すぐ横の家の壁にもたれかかり、もう五時だ、もう店は閉めたんだ、といった。そいつは、ひとこと話すたびに、頭の上でひどくおおげさで不自然な、今まで見たこともないジェスチャーをしていたが、それを見ているうちに、不意に、月曜日にフィルムを買っても充分に間に合うんだ、と思った。ぼくは、おなじくオーバーなジェスチャーをしながら、それなら月曜日に来る、といった。そしてなおも、二人とも、おたがいに頭のなかで考えていることに見合った、ひどい身振りをしてみせ、それから相手に背を向けた。

　ランベルヴィリエ。歩きながら、以前から気に入っていた、黍《ヒルゼ》という単語が、頭から離れなくなった。そして元気よく《リュスティヒ》という単語も。単語と単語の関連を見つけようとして、頭を悩ます。元気よく歩く、というのは可能だ。また、黍を鎌で刈る、というのも合っている。だが、黍と元気よくという言葉は、結びつかない。生い茂る森がぼくの前に降伏する。峠で、二台のトラックが、運転台をくっつけて止まっている。運転手は地面に降りずに乗り移れる。二人はひとこともしゃべらずに、いっしょに昼飯を食べている。もう十二年間、二人は、おなじこの道、おなじこの場所で、おなじことをやっている。かわす言葉は尽きたが、弁当は買ってくることができる。ここでそろそろ森がおわる。そして勾配の急な丘も。人家のない、まばらな森林地帯が何キロもつづく。ここは二度の大戦のとき、戦場になったところだ。風景は開放的になり、広々としてくる。いつものように、降るとも降らぬともつかぬ雨がポツリポツリとやってくる。なんでもないといえるかいえないか、ちょうど境目の降り方だ。元気よく歩き、黍を思い浮かべているので、濡れ方がひどい。牛が出てきて、びっくりしている。シュヴァーベン高原で最悪の吹雪に出会ったとき、たまたま仮設の羊小屋があった。羊たちは凍えて途方にくれており、ぼくを見ると、まるで救いを、唯一の救いをもってきてくれたとでもいうように、まわりに群がりすり寄ってきた。雪のなかで、羊のあんなに信頼しきった表情を見たのははじめてだった。

雨、雨、雨、雨、雨。雨だけで、ほかには何もおぼえていない。雨はおなじ強さで、絶え間なく、しとしとと降り、道は果てしなくつづく。あたりに人の姿はなく、森のなかを延々と歩く。みんな、この長い森のなかの道で、車のなかにあった余計なものを、片っ端から捨てていった。女物の靴が片方だけ、そして、確かめはしなかったが、何やらたくさん詰まっているらしい、小さなトランク。レンジが一台転がっている。ある村で、金魚の入ったビニールの袋をもった男の子と出会った。もっと小さな子供が三人、行儀よく少しあいだをあけて、そのうしろを歩いていた。ここの牛たちも急にいきおいよく走り出す。

ノメクシー、ニヴクール、シャルム。最後の数キロメートルは、男の人が車に乗せてくれた。しかし、最初の車にはほんの少し乗っていただけで、つぎに、うしろの荷台で空のボンベが勝手にゴロゴロ転がっている、がたがたの配達用トラックに乗せてもらった。タバコを勧められたがことわった。濡れていたところへ、からだがしだいに暖まったために、さかんに湯気が立った。その、ぼくのからだから立ちのぼる湯気のために、乗せてくれた車はどちらも、ガラスが一瞬にして曇ってしまい、運転していた男の人は、ガラスを拭く雑巾をさがすために、車を止めなければならなかった。実際、何も見えなかったのだ。シャルムの町に通じる幹線道路で、キャンピングカーとトレーラーハウスの展示会が行なわれていたが、寒い冬のさなかなので、人気はなく、金網のむこうでほったらかしにされていた。一台だけ、家具とベッドを備えたものがあったが、それは展示会の呼び物で、道路に面した一番前に、しかも、信号で停止したトラックからいやでも目に入る位置におかれ、そのうえさらに、木の台に乗せてあった。うしろの方に押しやられたほかの車は、どれもなかには何もなく、空っぽなのに、呼び物の車のなかには冷蔵庫まであり、ベッドには絹のフリルとレースのついたベッドカバーが掛けてあった。信号のところに車が止まっていない一瞬のあいだに、たった一度ガクンとやっただけで、この呼び物のなかにもぐり込むことができた。ベッドのところに行くと、トレーラーハウス全体が遊園地のシーソーのように傾き、前の方が少し空中に持ち上がって止まった。このトレーラーハウスは、前と真ん中にだけ支えがあり、うしろには何もなかったのだ。ぼくはびっくりした、そして、外では、信号にさしかかっていたトラックの運転手も、この光景を見ていた。彼はスピードを落とし、こっちを見て、狐につままれたような顔をしたが、そのまま走っていった。

足の裏が焼けるように痛んだが、それでも、眠る前に、村に行ってみた。ちょうどパレードが行なわれており、ブラスバンド、スイス製のクラッカー、小さな女の子の行進、大人と子供、そしてトラクターに引っ張られた山車、とつづいていた。この山車は、たいまつを手にしたボランティアの消防隊員がまわりを囲み、上では聖ニコラウスが、キャンディーをボール箱からつかみ出して、子供たちに投げていた。子供たちは夢中になって、投げられたキャンディーに飛びついていたが、少し遠くに飛び過ぎたキャンディーに向かって、二人の男の子が頭から突進して、閉じていたドアに思いきりぶつかった。ぼくは、ニコラウス自身があまりにも奇妙奇天烈な恰好をしていたので、あやうく腰を抜かすところだった。顔は綿ばかりでほとんど見えず、しかも、サングラスで残りの部分も隠されているのだ。役場の前には千人ほどの人が集まり、ニコラウスはそこのバルコニーから手を振っていた。トラクターは、その少し前に、不注意から家の壁にぶつかっていた。男の子が制服姿の女の子の足元めがけて爆竹を投げ、そのため女の子たちは列を乱し、ばらばらになった。そのあと女の子たちは、みんな連れ立って、近くのビストロにおしっこをしに行った。聖ニコラウスがサングラスをかけてバルコニーに姿をあらわしたときには、笑いすぎて腹の底までひきつってしまった。人々が変な顔をしてこっちを見たので、退散してビストロに入った。サンドウィッチを食べながら、うっかりしてショールの端もいっしょに口に入れてしまい、おかしくてからだを揺すって笑ったので、前のテーブルががたがたと揺れた。ところがこの笑いは、あくまでも内に向かっての笑いで、外に向かっては、つまり顔の方は、ちっとも笑っている表情にならなかった。だから、とんでもなくゆがんでいたに違いない。ボーイがそんなぼくに注意を払いだしたので、早々に、町はずれの例の呼び物のトレーラーハウスに逃げ込んだ。長時間歩いたので、今日は右足の具合がよくない。アキレス腱がかなり痛めつけられ、まだ二倍ほどにふくれ上がっている。そのうえ、くるぶしまで腫れている。こちらはおそらく、一日中タール舗装の道路の左端を歩いたためだろう。というのは、左足が踏むところは平らなのに、右足を下ろすところは、雨水が流れるように道に傾斜がつけてあるので、少し斜めになっており、一歩ごとに足首を少し曲げる感じになるのだ。あしたは絶対に歩く側をときどき変えなくては。野原や畑を横切っているときには、何ともなかったのだから。足の裏が焼けるように熱い。地球のなかの、熱く燃える中心核のせいだ。今日はいつにもまして孤独を感じる。自分を相手に、これまでよりもっと深く掘り下げた対話をする。雨のために盲目になるということもありうるものだ。

十二月七日（土曜日）

外がどんなにひどい雨降りかを見て、ふたたび展示用ベッドの布団のなかにもぐり込んだ。おいおい、またかい。どうやら太陽は、つぎからつぎへと、戦いに負けているらしい。朝の八時ごろ、ようやく出発したが、朝のこの時刻にすでに気力をなくしている。非情きわまりない雨と湿気。そしてあたりは、どこを見ても途方にくれるばかりだ。丘、畑、ぬかるみ、十二月の悲しみ。

ミルクール、そこからさらにヌフシャトーに向かう。ずいぶんと車の量が多かったが、そのうちさらに、雨も本格的になった。この完全無欠の雨、冬の長雨は、とても冷たく、陰鬱で、何でも染み通ってしまうために、いっそう気力を喪失させる。数キロメートル行ったところで、車に乗せてもらった。その男の人は、自分から、乗りませんか、といってくれた。ぼくは、乗せてもらいたい、といった。その人にもらって、じつに久しぶりにガムをかんだ。すると、以前の自信が少しばかり戻ってきた。それで四十キロあまり乗せてもらっていくうちに、反抗的な自負心が頭をもたげてきた。そこでまた、雨のなかを歩き始めた。雨にけぶる土地。グランはただの貧相な村だが、ここには古代ローマの円形劇場がある。カール大帝の時代にはこの地方一帯の中心地だったシャトノワには、かなり大きな家具工場がある。そこの持ち主が、何もかもほったらかしにして、何の命令も残さず、夜のあいだにどこかに行ってしまったので、ここの住人たちは大騒ぎをしている。理由はもとより、どこへ逃げたのか、誰も知らない。帳簿にはまったく問題はなく、経営状態も悪くはなかった。それなのに、工場の持ち主は、何もいわずに姿を消してしまったのだ。

歩き、歩き、歩き、歩きつづけた。遠くのほうに、蔦のからんだ、頑丈な囲壁のある、美しい城が建っている。牛たちですら、その城にはびっくりしていた。ぼくにびっくりしていたのではない。広い木立が、夏には暑さをしのぐ蔭をつくり、いたるところでチョロチョロと流れ落ちている水は、太陽の照りつけるときには何よりだった。下の海辺には、死んだ大きな船が、じっと動かず、停泊していた。城には、白いウサギ、白いハト、といったように、白い動物しかおらず、水晶のような池の金魚ですら白かった。そして何よりも信じられないのは、孔雀が白い色をしていたことだ。雪のように白い変種《アルビーノ》で、目は鮮やかな赤い色をしていた。一羽の孔雀が白い尾羽を広げ、ほかの孔雀は甲高い声で鳴きながら、木の上にとまっている。だが、騒々しい声で鳴くのは、ほんのときたま、雨が騒々しい音をたてて降っているときだけだ。少し北の方に進路をとって、ドンレミに向かう。ドンレミにはジャンヌ・ダルクの生家がある。それが見たいからだ。小川に沿って、濡れた森が広がる。石炭などは見えなかったが（ジャンヌ・ダルク→火あぶり→その燃料という連想）。どこのカフェーでも、はげしい口論の声が聞こえる。

ドンレミまでの、何とも殺伐とした道。もうちゃんと歩いているとはいえず、漂流しているといったところだ。前に倒れそうになって、やっとしっかり歩き出す。最初は強い雨、やがて霧だけになる。横をメーズ川が静かに、わびしく流れている。すぐ下の線路はもう使われておらず、新しい線路は右手、道路のむこう側のもっと高いところを通っている。用済みになった古い踏切番の小屋のところで、もう歩けなくなった。すでに屋根はなく、窓もドアもない。上の道路を、雨をついて車が走る。もっと上の方では、貨物列車が通っている。二階の床がわずかに雨をさえぎる。煉瓦模様の壁紙がぼろぼろになって垂れ下がり、暖炉があるが、そのなかではイラクサが枯れて腐っており、床には石屑が少し転がっている。ダブルベッドの残骸、スプリング。だが、その隅にはまだ何とかすわれる。雨で濡れた、まわりのとげのある藪のなかで、鳥が巣をつくっている。線路が錆びている。風が小屋のなかを吹き抜ける。雨が空中で、目に見える対象として、浮かび上がる。浮かび上がらせるものはといえば、ガラスの破片がそうだ、それに踏み潰されたネズミ、ドアのない戸口のむこうに見える、葉が落ちたびしょ濡れの藪の赤いイチゴ。ツグミにとっては、この土地に人間がやってくる以前の時代に戻ったのだ。見渡しても、誰も、ほんとうに人っ子ひとりいない。雨が降り込むのを多少なりと防ごうと、軽いビニールのケープを窓のところに掛けておいたが、それが風でカサカサと音をたてている。川からは、何の音も聞こえない。ゆっくり、静かに、流れているのだ。伸び放題の枯れ草が湿った風のなかで揺れる。二階につづく階段があるが、朽ちているから、ぼくが乗ったら崩れるだろう。むこうの雨のなかを、配達用のトラックが走っていく。小屋の前の花壇だったところは、今は藪と雑草に覆われ、柵があったところでは、針金が錆びている。黄色い苔で覆われて濡れている入り口の敷居は、はずれて一歩ばかりずれている。さあ、行こう。人に会わなければいいが。息を吐くと、白い息が戸口を出て、みるみるうちに外へ流れていく。

道路沿いで農機具が売られていたが、時間がおそく、農夫たちの姿はなかった。コガラスの大群が南に向かって飛んでいたが、普通よりもはるかに高いところを飛んでいた。すぐ近くのひなびたバジリカに、メロヴィング朝の無名の王が葬られている。かつて年経た森の奥から、ひとつの声がひびいてきたのだった。

クセイでメーズ川を渡り、川の左側の細い道を進み、それから坂をのぼって、バジリカまで行った。おおいなる感動、だった。背景には、みごとな谷とみごとなネーデルランド派、つまりその絵画の景色が、広がっている。川の両側に丘があり、メーズ川はそのあいだの平坦な谷間をうねって流れ、すべてが十二月の靄につつまれて、比類のない眺めだ。川沿いの木が雨にけぶっている。この場所に心をうたれ、おかげで少し勇気が出てきた。バジリカに隣接している家に押し入ろうとしたが、あまりにも戸締まりが厳重で、無理に開けようとすれば、大きな音をたてて隣りの住人に気づかれてしまうおそれがあったので、あきらめた。ドンレミでは、ジャンヌ・ダルクの家に行った。ここが要するに彼女の生まれ故郷なのだ。家は橋のすぐ近くにある。家には彼女のサインが残っており、長いことのぞき込んでいた。Ｊｅｈａｎｎｅと書いてあるが、誰かが彼女の手をとって、いっしょに書いたものと思われる。

十二月八日（日曜日）

この一帯は、人間の軽率な行動によって死滅しようとしている。教会のまわりで、子供が遊んでいる。夜は凍るような寒さだった。年を取った男が橋を渡っているが、人に見られていることに、気づいていない。とてもゆっくりと、重い足取りで歩いており、ためらいがちに少し進んでは、すぐに休む。死がいっしょに歩いているのだ。あたりはまだ薄暗い。雲が低い。今日もよくはならないだろう。ティルの結婚式は、雪で真っ白の山の上で行なわれ、ぼくはお婆さんを押しながらのぼっていった。エリカが上の方からぼくたちに、そのまますわっていなさい、とどなった。ぼくはいってやった。第一に、ぼくたちはすわってなんかいない。第二に、こんなべとべとの雪のなかで、いったいどこにすわれっていうんだ。村の道に迷い出てきた、毛を刈られた大きな羊が、薄暗いなかをぼくの方にやってきて、無愛想に何やら話しかけ、ふたたび弾むような足取りで去っていった。今、明るくなってきて、スズメが鳴き出した。村はきのう、寒いときの芋虫のように、不精をきめ込んでいた。だが、日曜日のきょうは、すでに内側に向けてサナギになるような変化をとげた。アスファルトの道路を渡りきれなかったミミズが、寒さで破裂している。夏には戸外のくつろぎの場所となる、トタン板のひさしの下で、今は一種の孤独が、いつ飛び出そうかと、様子をうかがっている。

ドンレミ——グルー——ル・ロワーズ——ヴォドヴィル——ダンヴィル——シャセイ。丘の上には黒い雨雲が低く垂れこめているが、小雨が降っているだけで、たいしたことはない。まったくのひとりぼっち、小川がぼくの道連れだ。灰色のサギが、何キロものあいだ、ずっとぼくの前を飛んでいる。どこかにとまっては、こっちが近づくのを見ると、また少し先の方まで飛んでいく。どこへ飛んでいっても、ついていくことにしよう。ヤッケ、ズボン、顔、髪、何もかもびしょ濡れだ。葉のない潅木からしずくが落ちる。濃紺のベラドンナが、霧で灰色になっている。木という木に、氷のように白い苔が、またときには蔦が、まとわりついている。果てしなく広い、密生する、無秩序な、そして氷のように白い森だ。奥の方で、駆り出し猟をしている音がして、そのうちに猟師たちが道をこっちにやってくる。たくさんの犬が車から出される。なかば見放され、なかば没落し、そして完全に忘れられた村々。家は、濡れて霜のように白く見える石を積み重ねたもので、小さくて崩れかかっている。しだいに明るくなってきたが、あいかわらず湿りきっており、景色は陰気で灰色だ。シャセイで、トラックが牛乳缶から牛乳を吸い上げて、積んでいるタンクに移しているのを見る。心のなかに、自分の運命に関して、ある重大で明確な決意が浮かんできた。今日中にマルヌ川まで行くぞ。シルフォンテーヌはひとり静かに死んでいく村だ。住む人のいなくなった家。大きな木が屋根の上に倒れて、もう長いことそのままになっている。コガラスが村に住みついている。馬が二頭、木の皮を食べている。リンゴが、収穫する人もいないまま、木のまわりのぬかるむ地面に落ちて、半分腐って転がっている。遠くから見たときは、一本だけ葉がついていると思っていた木が、近づいてみると、不思議なことに、リンゴがまだひとつも落ちずに、全部なったままだった。濡れた木には、葉は一枚も残っておらず、あるのは、落ちることを拒んでいる、濡れたリンゴだけだった。ひとつ取ってかじってみると、かなりすっぱかったが、汁が喉の渇きをいやしてくれた。食べたリンゴの残りを木にぶつけると、リンゴが雨のように降ってきた。リンゴの落ちる音がやみ、地面が静けさを取り戻したとき、ひとり心のなかで、これほどのさびしさは誰にも想像できまい、と思った。今日は、今までのなかで、一番さびしい日だ。それで、木に歩み寄って、実が全部落ちてしまうまで、揺さぶった。静まり返ったなかで、リンゴは音を立てて地面に落ちた。残らず落ちてしまうと、不意に途方もない静けさが、こっちの心のなかにまで、広がった。それでまわりを見渡したが、そこにいるのはたったひとり、ぼくだけだった。人のいなくなった洗濯場で水を飲んだが、これはもう少しあとになってからだ。

べとつく雪の上を歩いていたのだが、最初はまったく気がつかなかった。突然、山の斜面全体がずれ始めたような気がしたかと思うと、足の下の地面がそっくり動き出した。ここで這っているのは何だ、シューシューいっているのは何だ、蛇か、とぼくはいった。そのとき、ぼくを乗せたまま、斜面全体が這い、シューシュー音を立てていたのだった。あるとき、おおぜいの人がスタジアムで夜を明かさなければならなかったが、からだをくっつけて寝ていた階段があまりにも急勾配だったため、人々は雪崩のようにつぎつぎとすべり落ち、転がり落ちた。ぼくを支えるものは何もなかった。小川のところまですべっていって、やっと止まった。ポワソンよりだいぶ手前だった。この川の源流まで見えるじゃないか、とぼくは独り言をいった。それに、この小川に沿っていけば、マルヌ川にたどり着けるだろう。夕闇のなか、ジョアンヴィルでマルヌ川を渡った。最初に運河があり、つぎがマルヌ川だった。流れが速く、雨で濁っていた。ある家の前を通ったとき、テレビがスキー競技を放送していた。どこで寝ようか。スペイン人の神父がへたな英語でミサを行なっていた。ボリュームを上げ過ぎたマイクに向かって、調子はずれにうたっていたが、うしろに蔦の這っている石の壁があって、そこでスズメたちが鳴いており、それがマイクに近く、またあまりにも騒々しかったので、神父の声はほとんど聞こえなかった。スズメたちの声は百倍も大きくなっているようだった。そのとき、階段の上にいた青白い少女がばったりと倒れ、死んでしまった。冷たい水が口にそそがれたが、少女は死を選んだ。

十二月九日（月曜日）

きのうは待降節の第二の主日だった。きのうの道程の後半は、つぎの通りだ。シルフォンテーヌ――アルムヴィル――スランクール――サイイ――ノンクール――ポワソン――ジョアンヴィル。ジョアンヴィルの人々の頭のなかは、陰謀でいっぱいだ。今日の道がまだはっきり決まっていない。おそらく直接トロワに向かうが、ひょっとするとヴァシーを通って行くかもしれない。雲の様子はきのうとほとんど違わない。おなじもの、雨と陰鬱さ。昼にドンマルタン・ル・フランスに着き、軽く食事をした。一帯は単調で、丘がつづき、裸木、犂で耕した、水浸しの畑がある。畝の水がたまっていた。少し離れると、何もかも靄に隠れて見えなくなってしまう。本当の雨ではなく、生暖かい霧雨だ。村と村の間隔が大きく、静かで、車もほとんど通らない。歩く方はまずまずだ。

今日はどこへ行くのか、どのくらい遠くまで行けるのか、まったく無頓着だ。

道のむこう側の、水浸しの畑の縁を、大きな犬がうろついており、こっちにやってきた。明らかに野良犬だ。ワンといってやると、すぐにぼくのところにやってきて、あとをついてきた。始終うしろを振り返ったが、この犬は見られるのがいやらしく、道路脇の下水溝を通ってついてきた。それが何キロメートルもつづいた。ぼくが見るたびに、そいつは下水溝のなかでからだを小さくちぢめ、その場でうろうろした。大きな図体で、顔を小さくしていた。こっちが歩き出すと、そいつも歩き出すのだった。そのうちに、そいつは不意に消えてしまった。あたりを見まわし、少し待ってみたが、もう姿をあらわさなかった。ある家の壁にチョークで、愛しているよ、おまえも、おまえのベッドも、と書いてあった。

もうどれくらい、ゆっくりしゃがむところがなかっただろうか。今、しゃがむといったが、これまであったのは収穫をおえた畑だけで、そこは水浸しになっており、そのすぐ上はもう、湿っぽい灰色の雲だったのだ。トウモロコシの茎が、水をたっぷり吸い込み、折れて、腐り始めている。道に沿って、大きさが車の輪ほどもある、ぬるぬるしたキノコの群生があるのが、目に入った。いかにも不吉そうで毒々しく、ふやけて腐りかけたキノコだった。年を取って灰色になった馬が、数えきれないほどたくさん、水びたしの牧場で、じっと動かずに立っていた。ぬかるみになった農家の中庭にアヒルがいる。休憩しているとき、羊たちがこっちの背中をじっと見つめているのに気がついた。羊たちはきちんと整列していた。これはみな、あるガソリンスタンドの近くでのことだ。そのスタンドの男が、うさんくさそうにこっちを見たとき、羊はかたまってぼくに近づいてきた。しかし、あまりにも近くに寄ってくるので、何となくそこにいづらくなって、充分休んだような顔をして、歩き出した。そのとき、小さな石の壁が見つかり、ようやく腰を下ろして、足を伸ばしてぶらぶらさせることができたので、うれしかった。霧雨のなか、離れた畑で、今日はじめて、トラクターが二台、動きまわっているのが見えた。ライン地方を離れてから、畑に人がいるのを見たことがなかった。クリスマスツリーがならべてある。飾りはなし、ただの木だけだ。ついに地形はまったく平らになり、これがずっとつづくらしい。今日は西の方角が、ぼくを孤独な気持ちにさせた。視界がわるくて、遠くはまるで見えなかった。何もない畑から、鳥が飛び上がった。その数はしだいにふえて、ついには空を覆いつくしてしまった。見ていると、鳥は地面のなかから、地球の重力がある、深い深い底の方から出てきた。そこにはジャガイモの採掘場もあるのだ。道路が果てしなくつづくので、不安になった。もう一週間も、雨と霧のために、太陽がどこにあるのか、おおよそですらわからない。ブリエンヌでは、人々はぼくの前でつぎつぎと隠れてしまった。小さな雑貨屋だけが、不注意から、開いていたが、そのうちにそこも閉まって、それからは、町は死んだように人気がなくなってしまった。この町を見下ろす位置に、大きな城が、錬鉄の柵に囲まれて、重々しくそびえ立っている。そこには、今は精神病院がある。今日は、自分自身に向かって何度も、森という言葉を繰り返した。真実は、森すら通り抜けるのだ。

十二月十日（火曜日）

さしあたりは、じつによく晴れている。太陽を見るのは感激のきわみだ。何もかも湯気を立てている。オーブ川は沸き返ったように湯気を立て、畑もおなじだ。空を見上げたまま歩いていくと、知らず知らずのうちに、北に曲がってしまう。オーブ川を渡ってまもなく、畑の湯気があまりにも濃く、また地面のすぐ上にたちこめていたので、そのなかにちょうど肩までつかって、歩いていった。遠くの方まで見渡すことができる。地面はほとんど平らだ。疥癬にかかった女が、疥癬にかかった犬を家から追い出している。ああ、神様、何て寒いのでしょう。ああ、神様、両親を長生きさせてください。バルコニーの手摺りに意味もない隙間があいていたので、ブローは、十一階のバルコニーから落ちて、即死した。評判に傷がつくのを恐れたホテルの主人は、ぼくがあまりにも悲しみに打ちひしがれているのを見て、一万九千マルク払おうといった。これで勉強できるでしょう。ぼくはいってやった。何の勉強をしろというんだ。これはユダの金だ。ユダの金で生き返った人なんかいない。ピネイに行くために近道をしたが、その小道では、まったくのひとりぼっちだった。ゆうべは機械置き場の小屋に泊まったが、壁のむこうから、人のいびきが聞こえてきた。夜中過ぎに一度、ちょっとのあいだ、騒ぎがあり、完全に目をさましてしまって、ほんの一瞬、逃げ出そうかと思った。このあたりの建物や人間は、これまでとは全然違う。だが、どの村も、昔のほうが今よりましだった、という点ではおなじだ。線路を横切るときに、年取った踏み切り番に出会った。すでに年金生活に入っているのだが、毎日、後輩のいる踏み切り小屋に革の雑巾をもってやってきて、自動切替装置のほこりを払っている。したいようにさせてもらっているのだ。またしても雲がゆっくりとやってきたが、鳥たちは元気にさえずっている。ピネイでミカンと牛乳を買って、町の真ん中で休憩した。よく見ると、三角点の標識の上にすわっていた。

道はまっすぐにつづいている。だから、丘をのぼっていくと、雲に向かって歩いていくことになる。広くて何もない畑。道路を走る車は、まるでむこうの方へ吸い込まれていくみたいだ。ピネイを出てすぐ、びっくりしたような顔の、パトロールの警官に調べられた。彼らはこっちのいうことをまったく信用せず、ただちに連行しようとしたが、それでもミュンヘン市と連絡をとってくれて、ようやく納得した。十月祭《オクトーバーフエスト》というと、行ったことのある一方の警官が、グロッケンシュピールやマリーエンプラッツという言葉を思い出し、ドイツ語でそれをいうことができた。それからぼくを自由にした。丘の上から、はるかかなたにトロワの町が見えた。そして、頭の上を、完全な編隊を組んで、鶴が飛んでいった。強い風に逆らって飛んでいたので、歩いているぼくと速さがほとんどかわらなかった。数えると二十四羽いた。大きな、灰色の鶴だ。ときどき、なかの一羽がしわがれた声を出した。隊列のあいだを突風が吹くと、大半はすべるように飛びつづけたが、何羽かは群れから離されてしまい、必死になって、もとの位置に戻ろうとした。鶴たちが交差しながら列を整えるところは、すばらしい見物だった。歩いて旅をする者にとって、鶴は、虹とおなじく、隠喩だ。トロワを過ぎると間もなく、低くつづく丘が見えてきたが、おそらくセーヌ川の谷のむこう側なのだろう。そんなことを考えていると、鶴が急に方向をかえ、南東に向かい、あちらの方にある自然公園に行くつもりなのだろう。セーヌ川を渡る前に、まず牛乳を買って、橋の手摺りにすわって飲んだ。川に投げた牛乳の空箱は、ぼくより早くパリに着くだろう。人々が、何をするにも当たり前だという顔をしていることが、奇異に感じられて仕方がなかった。もうずいぶん長いこと、本当の大都市には行ったことがなかった。まっすぐ大聖堂に向かったが、奇異感は消えなかった。痛む足を引きずりながら、外をうろつきまわるだけで、なかには入る勇気がなかった。実際、ぼくは、来ることを予期されていなかった人間だった。ホテルのごく小さな部屋を借り、ヌーバー選手のトリコットのシャツを洗った。すでににおいが、オッフェンバッハー・キッカーズでの最後の試合のときのヌーバーのものではなく、ぼくのものになってしまっていたからだ。今、小さなセントラル・ヒーティングの上で乾かしている。

大都市は、見えないところにごみをいっぱい隠している。また、太った人がたくさんいる。競輪用自転車に乗った太った男と、バイクにまたがって、前のガソリンタンクの上に疥癬病みの犬をのせている。太った男がいた。また、太った若い女店員からチーズを少し買った。この女店員は、こっちがひどい恰好をしているにもかかわらず、まるで高貴な人のように扱ってくれた。それから、テレビの前にすわっている、二人の太った子供を見た。画面は何が何だかわからないほどゆがんでいたが、二人は夢中になって見つめていた。市場のところで、松葉杖の若い男が、家の壁にもたれかかっていた。ほんの一瞬、おたがいに相手をちらりと見て、どのくらい共通しているところがあるか、はかり比べた。

十二月十一日（水曜日）

目の前に、もう道しか見えない。丘の上で、あそこに馬に乗った男がいる。と思ったが、近づいてみると、ただの木だった。そのあと、羊が見えたとき、茂みの見間違いではないかと思った。でも本物の羊で、死ぬ間際だった。そして、静かに、大仰に、死んでいった。はじめて羊の死ぬところを見た。足速にその場を離れた。

まだトロワにいたときから、朝の暗い空を、低い雲が矢のように速く流れていたが、そのうちに雨が降り出した。薄暗いなか、大聖堂に行き、黒い影のようなそのまわりを一度ぐるりとまわってから、勇気を出してなかに入った。なかはまだとても暗く、ぼくは、大昔から闇につつまれている巨人たちが森のように立ちならぶなかに、静かに立っていた。外に出ると、風雨があまりにもひどく、雨よけのケープが破れてしまった。バス停からバス停へと伝って歩き、屋根のあるその小さな建物を避難場所とした。やがて大通りが我慢できなくなって、それと平行して、セーヌ川に沿って進んだ。ここいらはとてもうらさびしい、郊外のようなところなのだが、ときどき農家にも出くわす。嵐のなかで、電線がうなりながら揺れており、吹き飛ばされないように、終始からだを前に傾けて歩いた。雲の高さはどう見ても百メートルを越えず、一気に矢のような速さで飛んでいく。ある工場のところで、ひとりのガードマンが、ぼくが敷地内に入ろうとしていると思い、うしろから大きな声でどなった。それで、そこに止まっていた、大きな噴水を積んだトラックからだけは、離れてやった。畑のなかを歩いていくのは、まったく不可能だ。畑全体が水浸しで、沼のようになっているからだ。耕地では土が重すぎる。このとんでもない天気に力づけられ、今日は怖じけづくことなく、人と顔を合わせることができた。指が凍えてしまい、文字を書くのもやっとだ。

突然吹雪になり、稲妻、雷鳴、嵐が、ぜんぶ一度に襲いかかってきた。あまりにも急だったので、逃げ場が見つからず、仕方なく、半分風をさえぎる家の壁にはりついて、おさまるのを待った。すぐ右横の、ちょうど家の角のところで、狂ったようなシェパードが柵の隙間から頭を突き出し、ぼくに向かって牙をむいた。数分もしないうちに、道路には水と雪が、手の指を広げたほど深くたまり、通りかかった一台のトラックが、それをそっくりぼくにはねかけていった。少しすると、数秒のあいだ、日がさしたが、またすぐに大雨になった。屋根のあるところから屋根のあるところへと伝って進んだ。サヴィエールの村の小学校で、パリまで乗り物に乗ることを考えた。そうしたら、どういうことになるのか。しかし、せっかくここまで歩いてきたのに、ここから車を使うのか。もしこれが本当に無意味なことなら、むしろ最後までその無意味さを味わいたい。サン・メスマン、レ・グレ。レ・グレに着くまでに、猛烈なスピードで追ってくる壁のような黒雲に追いつかれ、進めなくなった。誰にも気づかれずに、人の住んでいる家の洗濯場に入り込んだ。五分ほどのあいだ、地獄のような光景がつづいた。外では、大きな霰がはげしく垂直に降り注ぐなかで、鳥たちが戦っていた。何分かたつと、何もかも白くして、霰は通り過ぎていった。それから、煮え切らない太陽が痛々しく顔を出したが、そのうしろには早くもつぎの、真っ黒で恐ろしげな雲が、壁のようにひかえていた。レ・グレに着くと、靴のなかまでびしょ濡れになっていた。カフェ・オ・レを注文していると、潜水夫を思わせるゴムの制服を着て、オートバイの二人の警官も、やはり雨やどりをしに入ってきた。もう歩けない。さっきの大吹雪《ブリザード》のことを考えると、笑わずにはいられなかった。それで、店に入ったときには、変にゆがんだ顔をしていた。それで、警官に逮捕されるのではないかと、たちまち心配になり、今回もただちにトイレの鏡の前に行って、まだ人間の顔をしていることを確かめた。手にしだいにぬくもりが戻ってくる。

長い道のりを延々と歩いた。広大な野原の真ん中で、さっきのような嵐がまたやってきて、あたりを見渡しても、雨やどりのできるところはなかった。そのとき、一台の車が止まって、悪天候のなかを、ロミリまで乗せていってくれた。そこからまた歩き出した。霰の降るあいだ、今度もだしぬけに降り出したので、そこよりもましな場所は見つからず、ある家の壁によりかかって立っていた。すぐ目の前に窓があり、部屋のなかでは、手を伸ばせば届きそうなところに、老人がすわっており、テーブルランプの明かりで本を読んでいた。老人は、外で嵐が荒れ狂っていることにも、すぐそばにぼくがいて、窓ガラスに息を吹きかけていることにも、まるで気がついていなかった。ある予感がして、ふたたび鏡をのぞくと、映っているのは、見慣れた顔ではなかった。残りの道のりは、その気になりさえすれば、泳いでいけるだろう。どうしてセーヌ川を泳いでいかないのか。かつて、ニュージーランドからオーストラリアに逃げようとしていた人たちのグループといっしょに泳いだことがある。それも先頭にたってだ。泳いで渡ったことがあるのが、ぼくだけだったからだ。逃亡者たちが追跡から逃れる唯一の方法が、泳ぐことだった。しかし、距離は八十キロメートルもあった。ぼくは、補助的な浮袋として、プラスチックのサッカーボールをもっていくことを勧めた。この企ては、すでに出発する前から、伝説的になっていた。数人の溺死者があったためだ。何日かのちに、ぼくたちはオーストラリアのある町に泳ぎついた。ぼくが最初に陸に上がって見ていると、半分水中にもぐって、腕時計が流れ寄ってきた。その時計を引き上げると、泳いできた人たちが上がってきた。感きわまった人たちの、盛大な交歓のシーンが、陸の上で繰り広げられた。そのなかで、知人は、シルヴィー・ル・クレジオただひとりだけだった。またしても強い雨が降り始め、屋根のあるバス停に逃げ込もうと思ったが、そこにはすでに何人か入っていた。ためらったのち、結局、近くの学校に入り込んだ。ところが、車が出入りする門の扉が、閉まるときに大きな音をたてたので、教室にいた先生がじろじろとこっちを見た。そのうちに先生は、サンダルに青いセーターという恰好で出てきて、教室にいらっしゃい、といってくれた。しかし、嵐はすでに峠を越しており、ゆっくり休むには先があまりにも遠かった。まだこれからたくさん歩かなくてはなりませんので。学校から出て行くときには、気づかれないように、鉄の扉をそっと閉めた。プロヴァンスまで遠い道のりを歩いてきたので、ひとつ盛大な食事をしてやろうと思ったのだが、サラダしか入らない。もしも、これからまだどうしても立ち上がる必要があったら、マンモスのように重いからだを持ち上げることになるだろう。

十二月十二日（木曜日）

ピエール・アンリ・ドローに電話をして、寝ているところを無理やり起こす。

これで、ぼくが歩いてきていることを知っている人間がひとりだけいることになる。彼だけだ。ナンジでは、道はどこまでもまっすぐだったが、道路の脇をのんびり歩くことができたので、とても快適だった。寒い。そんなにひどくない吹雪がやってきて、やがて雨になる。非常に寒い。雪の道路脇で、警察の検問にひっかかり、これがまたとても不愉快な気分にさせるものとなる。収穫のおわった畑、並木道、山積みされた砂糖大根。朝、プロヴァンスで、長いあいだうろうろしてしまった。全部で確実に十キロメートルは歩いただろう。何もかもおしまいにしてしまいたい、という気持ちが頭をもたげた。しかし、プロヴァンスからパリまであと八十キロメートル、それに今まで歩きまわった距離を入れて計算すると、約九十キロメートルになる。たどり着くまで歩きつづけよう。夜になっても、そしてあしたもあと半日は。寒さで、顔がひりひりする。

ゆうべは、これまでよりも多少よく眠れた、もっとも、今日も、いつものように朝の三時には起きて、ボツボツ歩き出しはしたが。まずはじめに、暗闇のなかを、プロヴァンスの町の高いところに行って、千年前の時代がどんなに暗いものだったか、思い浮かべてみた。あそこの建物を見れば、容易なことだ。ほとんど空っぽのバスが追い越していった。走りながら、運転手は、まだ燃えている吸い殻を捨てるために、圧縮空気のドアを開けた。すると、前とうしろのドアが両方とも開いた。バスの運転手は、習慣的にこうしたことをやっている。客を乗せることがめったになく、彼のバスはいつも空っぽなのだ。ある日、うしろのドアにもたれかかっていた、ランドセルを背負った小学生が、外に落ちてしまう。ほかに二人の乗客がいたが、前の方にすわっていて、何も気がつかなかったために、数時間後にはじめて発見された。すでに手遅れで、子供はその晩のうちに息をひきとった。裁判のとき、バスの運転手はひとことも弁解すべき言葉を知らない。何日ものあいだ、彼はいいつづける、何をどういえばいいんだ、と。ところで、判決はまだ下っていない。ぼくの手は、寒さでカニのように赤くなっている。まだ歩きつづけるつもりだ。

十二月十三日（金曜日）

夜のあいだずっと歩きつづけて、パリ郊外にたどり着く。あれはぼくのおじいさんが、家の外の椅子から立ち上がるのを拒んだ日だった。背景には農家があり、また、腐りかかった杭のあいだに、物干し用の針金が張ってあって、洗濯ばさみがぶら下がっていた。小さなくぼみに水がたまって、ぬかるみになっていたが、そこでアヒルが水遊びをしていた。少し離れて納屋と、退職した鉄道員のために建てられたような、小さな家があった。列車が近くの線路を通るのは、一日一回だけだった。ぼくのおじいさんは胸まで毛布にくるまって、革のひじ掛け椅子にすわっていた。そしてこのときから、ひとことも理由をいわずに、椅子から離れるのを拒んだ。天気がよかったので、好きなようにさせておいた。その後、まわりに仮設の売店のようなものをつくった。壁は、暖かくなればすぐ簡単にはずせるようになっていた。屋根はタールの厚紙を釘で打ちつけたものだった。おじいさんが背中を向けている方向では、農家のつぎにある建物はレストランだ。メニューには、ありとあらゆるものがのっているが、ウェイトレスはいつでも、今日はもうありませんとか、たった今おわりましたとか、肉屋がきちんと配達してくれないので、豚肉は全然ないんです、などという。あるのは魚だけ、さまざまな種類の魚だ。こうした状態は店ができたときから、毎日、おなじだ。テーブルは水槽で仕切られていて、そこには、鯉や鱒がおり、なかには強い電流を発することのできるデンキウナギといった、なかなか珍しいものも混じっている。だが、そこの魚がすくい出され、料理されるということはない。調理場の人たちがどこから魚を手に入れているのか、それは彼らの秘密だ。各水槽に説明書きが貼ってあり、見ると、空腹のときは何でも食べます、と書いてある。上からパン屑を落とすと、魚は奪い合って食べる。おじいさんはあるとき、背骨がすっかり砕けていて、椅子の背にもたれてすわっているから、かろうじて全体がばらばらにならずにもっているような気がする、とほのめかした。立ち上がったら、積み上げた石が崩れるように、崩れてしまうだろうと。おじいさんによれば、鎖骨にさわってみればわかるそうで、片方の肩をぐるぐるまわしてみせ、もう一方の肩ではこれができないんだ、といった。それが、鎖骨が、少なくとも左側は、ぼろぼろになった背骨にしっかりくっついていない証拠なのだそうだ。おじいさんは十一年間、ひじ掛け椅子にすわりつづけたあと、立ち上がって、売店のような自分の居場所を出ると、うしろにあるレストランに行き、注文し、魚を食べて、金を払おうとしたら、ポケットに入っていた金は、もう無効になっていた。札が何年も前に新札と交換になっていたのだ。それからおじいさんは、年取った妹に会いに行き、そこでベッドに横になると、またそのままそのベッドを離れるのを拒んだ。おばあさんは、何が何だかさっぱり理解できなかったが、妹は理解しているようだった。おばあさんは、毎日おじいさんのところに行って、起き上がるよう説得したが、おじいさんは聞こうともしなかった。一年の四分の三が過ぎると、おばあさんは毎日ではなく、週に一回しか来なくなり、そのまま四十二年間が過ぎた。おばあさんは、金婚式のときには同じ週に二日つづけて来たが、それは結婚記念日が、たまたまいつもくる日の前日にあたっていたからだった。道のりはかなりあり、おばあさんはいつも市街電車を使っていた。数年後、市街電車は廃止になり、線路ははずされ、かわってバスが走るようになった。おばあさんは、くるたびにおじいさんのブーツをもってきては、それをおじいさんに見せて、これをはいて立ち上がってくださいよ、といった。四十二年後、ある小さな事故が起きた。バスが込み合っていて、乗客に押されたおばあさんは、外に押し出され、ブーツの入ったビニールの袋を落としてしまい、拾い上げる前に、走り出したバスにぺちゃんこにされてしまった。どうすればいいのだろう。おばあさんは、おじいさんのところに行く前に、新しいブーツを買った。おじいさんは、新しいブーツを見ると、足にぴったり合うかどうか、興味をもった。

そして、ブーツをはくと、立ち上がっておばあさんといっしょに家に帰った。二年半後、おじいさんはボウリングの夕べに行って、全勝したとおもったら、そのまま死んでしまった。勝った喜びが、弱っていた心臓には強烈すぎたのだった。

嵐に見舞われている大きな森を見る。一日中雨が降り、一晩中寒くて湿っており、そのあいだにはぼたん雪が降った。ぼくが見つけたものは、キャンピングカーの残骸の一部分、手袋の切れはし。夜の道を歩きつづける。事故。ロシア人の家での歓迎。この町の丘は、ルイ十四世時代にごみを集めてできたものだ。当時、ここは広い畑だったが、あまりにもたくさんのごみが積み上げられたために、今は町なかに立派な山があり、その上に舗装した道路や高層ビルができている、というわけだ。

何年も前に、クロードが木の幹の高いところにうち込んで、それからずっと、抜こうとしても抜けず、ささったままになっていた矢があった。ぼくがさがしていると、あれはもろくなって、少し前に落ちたよ、とクロードがいった。拾っておいたが、鋼のやじりだけはまだ、幹にくい込んだままなんだ。あの矢が幹にささっていたときは、鳥たちが枝がわりにいつでも止まる場所にしており、あるときなんかは、ツグミが一度に五羽も六羽もとまっていた、とクロードが話してくれる。サハラ砂漠を横断したあと、イン・ガルで最初に見つけた木から取ってきた、小さくて乾いたレモンを、今でももっているよ。狩りのために必要な火薬と薬莢は、全部自分で作るんだ。この銃だって手製なんだよ。

朝、パリの縁《へり》にたどり着いたが、そこからシャンゼリゼまで、疲れすぎて感覚のなくなった足で、さらに半日かかって歩いていった。ある男は、森を通り抜けていく、といったが、二度と姿をあらわさなかった。大きな犬を連れた男が、ひとりで広い海岸を散歩していた。その男は心臓発作を起こしたが、犬の紐が手首に巻きついてしまい、走りたがってすっかり興奮している犬に無理やり引っ張られて、どんどん前に進まざるをえなかった。ひとりの男が買い物袋に生きたアヒルを入れていた。目の不自由な乞食がアコーデオンをひいていた。膝から下は縞模様の毛布にくるまれていた。横にいる女性は、お金を集めるためのアルミニウムのカップをもっていた。二人の傍らには、買い物袋がおいてあり、そのなかから病気の犬が顔を出していた。病気の犬がいると、お金がたくさん集まるのだ。ぼくの視線は、窓から見える広い砂浜にも、たびたび向けられた。大きな波、波打ち際、そこには夜明けにだけ靄がかかった。ヒーアスはいっている、「ぼくには世界の果てまで見えるんだ、ぼくたちがいるところは、危険と呼ばれるものの吐息のすぐ近くなんだ」と。

何人ものウェイターが、カフェーから逃げ出した犬を追いかけていった。ある老人はちょっとした坂道で難渋している。重い足取りで、びっこをひき、苦しそうに息をしながら、自転車を押していた。そしてついに、咳き込みながら立ち止まってしまう。もうそれ以上は進めない。うしろの荷台には、スーパーマーケットで買った冷凍のチキンが、しっかりとくくりつけてある。

求む、ペルーのハープ音楽ならびに女性歌手。ヒステリックになった雌鳥、ぶよぶよに太った魂——

十二月十四日（土曜日）

つぎは、あとになって書き加えたもの。ぼくはアイスナーのところに行ったが、彼女はまだ弱々しく、やつれていた。ぼくが歩いてやってくることを、誰かが電話で彼女に教えたに違いない。自分ではしゃべるつもりはなかった。どぎまぎしたぼくは、彼女がぼくの方に押してくれた二つめの椅子に、痛む足をどっかりとのせた。どぎまぎしているうちに、頭のなかにある言葉が浮かんできた。どっちみち奇妙な状況だったので、それをそのまま彼女にいった。いっしょに火を料理して、とぼくはいった、魚の強さを一定にしましょう（火と魚とを入れかえていったもの）。すると彼女は、ぼくを見つめて、とてもかすかに微笑んだ。ぼくが歩いて旅をする人間であり、それゆえに無防備だということを、彼女は知っていたので、ぼくの気持ちをわかってくれたのだ。ほんの一瞬のあいだ、死ぬほど疲れきったぼくのからだのなかを、あるやさしいものが、通り過ぎていった。

ぼくはいった、窓を開けてください、何日か前から飛べるんです。

［解説］
巡礼者とカラス

中沢新一

ミュンヘンからパリにむかう徒歩旅行に出発して三日目、南ドイツの小さな村のレストランにすわって、凍りつくように寒い屋外の光景をながめていたとき、ヘルツォークはそこに見た、一羽のカラスに心を引かれている。

窓から外を見ると、むかい側の屋根の上に、カラスがとまっていた。雨のなか、首をちぢめ、身動きもしないで、しばらくたってからも、あいかわらずじっとしたまま動かず、寒さで凍えながら、静かにカラス的思索にふけっていた。眺めているうちに、不意に兄弟のような感情が湧いてきて、一種の孤独感で胸がいっぱいになった。

ここには、この本の、いやヘルツォークの精神の、基本となる「調性」が、あざやかにしめされている。生命がむきだしのまま、無防備な状態で自然に触れ、自然につつまれている。カラスはその状態で、じっと思索にふけるのである。ヘルツォークはそういうカラスに「兄弟のような感情」をいだき、透明さの感覚に感動しているのだ。

このくだりを読んでいたとき、ぼくは急にウィリアム・カーロス・ウィリアムズの有名な詩『赤い手押しの一輪車』のつぎのような一節を、思い出した。

ほんとうにいろいろなものが
赤い手押しの一輪車から
ぶらさがっている

雨水にぬれ
ひかり

そばに
白いニワトリが
いる

凍てつく屋根の上のカラスにたいするヘルツォークの注視と、雨にぬれた赤い一輪車のそばの白いニワトリにむけられたウィリアムズの注視は、じつによく似ている。ビートニクス運動のさきがけをなした、アメリカのイマジスト詩人は、このとき、ただしっかりとものごとをありのままに見ようとだけしている。知覚を自然の状態に近づけていき、その知覚をすぐにできあいの言葉とか感情ですくいとってしまわないように、心を集中し、ただ対象と素手で触れ合うことだけしている。

それと同じように、凍てつく空気と雨と雪の中を歩き続けながら、ますます裸の状態に近づきつつあったヘルツォークの知覚は、ここで素手のままにカラスと触れ合っているのである。歩く彼の中では、概念もわいてこないし（この本に思索を探しだそうとしても無駄である）、想像力の働きはゼロに近づきつつあるし（ときどき混入してくる夢想の記述をのぞけば、この本を構成する言葉は、想像においては痩せている）、感情はますます原始的なものに単純化されていった。ものを見るときも、彼はものと自分との間に、概念とか想像とかを入れることを拒否して、アレン・ギンズバーグの言う「鼻の近くにもってくる」やり方で、ものを知覚しているのだ。

その裸の知覚が、一羽のカラスに注視したのだ。カラスはレストランのガラスの中にいる映画監督よりも、ずっと透明なやり方で、ものを「鼻の近くにもってきて」、思索にふけっているのだった。ここに兄弟がいる、と彼は思った。そして、そのことの孤独さに、胸をしめあげられるのである。美も醜もない。善いも悪いもない。ただ世界がそこにあるだけ。そこに裸のままあるだけ。その状態にたどりつくため、あるいはその状態を持続するため、映画監督はただ歩き続け、納屋の藁の中に眠り、また歩き出すのだ。

ヘルツォーク的世界の「基本調性」が、ここにある。ひとことで言えば、それは詩的な感受性だ。言葉をかぎりなく物質の領域に接近させていこうとしたランボーの実験とも、「みずからの力でおのずからたちのぼる」という意味での「自然」を知覚できる能力を身につけようとしたビートニクスの冒険とも、それは多くの共通性をもっている。彼らは自分のことを、表現者だなんて、ぜったいに考えない人たちだ。表現？　なんて不潔な。そうではない。自分たちはむしろ修行者だ、聖なるものをめざす巡礼者だ、と彼らの多くは考えた。そのために、表現者のレッテルが貼られるのを拒否して、ランボーは商人になってしまったし、ビートニクス詩人たちは、早めに死ぬことを選び、ドイツの若い映画監督は、パリに住む聖なる女性ロッテ・アイスナーをめざして、雪かけわけて、徒歩による巡礼の旅を敢行するのだ。

人間は兄弟であるカラスや白いニワトリと同じになろうとしたら、自分の足で歩いて、巡礼をおこなわなければならない。車に乗ってもいけないし、飛行機に乗っても意味はない（飛行機でメッカに乗りつける、現代の巡礼者たちに、呪いあれだ）。ただひたすらに歩くことによって、人の知覚はますます自然状態に近づき、まわりの世界をますます「鼻の近くにもってくる」ことができるようになる。一歩歩くごとに、巡礼者は聖地に近づいていく。しかしそれは、聖なる女性の住むパリが、一歩ごとに近づいてくるという意味だけではなくて、一歩ごとに彼は、自分の心のプライマル（原初）に、接近していくのだ。

目的地にたどりつくことが、巡礼の「目的」ではない。巡礼の「目的」は、旅の途上そのものにある。だから、目的地とか、目的となる女性の存在などは、真実の巡礼者にとっては、一種の口実にしかすぎないのだ。しかし、その口実のために、彼は肉体をへとへとになるまで消耗させ、雪や雨に苦しみながら、旅をする。そのばかばかしさ、その無意味さをとおして、彼は「意味」の根源にたどりつくことができる。だから、このとき若いヘルツォークがおこなった巡礼の旅を、けっして気恥ずかしく思ったりしてはいけないのである。パリにいる老いた映画史家のもとへ徒歩で訪ねる、という行為そのものが、ここでは重要ではないからだ。それよりも、そのような口実をもうけることによって、カラスが兄弟であると知覚できる状態に、自分を近づけていこうとする、彼の詩的行為のほうが、はるかに大きな意味をもっている。

考えてみれば、そうやっていつもヘルツォークは誤解されてきたのではないか。彼は野性と文明を対立させて、野性の勝利を描きだそうとする、ゲルマン的な神話にひたされた（毒された）映画監督だといって、誉められたり、貶されたりしてきたし、無意味であることを知りつつ、男が壮大な夢の実現にかけるさまに美をみいだそうとする、幼児的な男性作家だと書かれたこともあるし、グロテスクや永遠反復に魅惑される未熟さをかかえているといって非難されることもあった。しかし、ぼくには、そういった評価や批判のすべてが、どこか逆立ちしているように思えるのだ。ぼくには、アマゾンの奥地のオペラハウスも、夢見る緑のアリも、パタゴニアの巨峰も、すべてが彼のたましいの巡礼にとっては、パリの聖なる女性と同じような、さまざまなすばらしい口実のように思えてならない。より重要なことは、凍てつく屋外に思索するカラスを注視する、ヘルツォークの視線の中にこそ、ひそんでいるのではないか。

その意味では、この本はヘルツォークの本質を語っている。それどころか、ここに彼のすべてがある、と言ってもおかしくないような重要性をもっている。いや、もっと正確に言えば、パリのロッテ・アイスナーをめざして、ミュンヘンから徒歩旅行に出るという彼の行為そのものが、彼の実存の本質を表現するものであり、その旅の途上で、カラスの孤独な思索的静止に兄弟を感じ、畑の畝に吹きためられた雪のラインに心を打たれ、雪間に差し込んだ太陽によって、あたりにたちのぼる湯気に幸福を感じとる、裸でむきだしの知覚をつくりだそうとする、「旅の途上」そのものの中に、芸術家としての彼の詩的構造の土台が、みごとにしめされているのである。

吹きつける雪にむかって歩く、若い日のヘルツォークの姿は、彼の新しい映画『彼方へ』（原題『石の叫び』）に登場する、登山家ロッチャに生き写しだ、ということに、多くの人が気がつくだろう。ロッチャは未踏峰と言われたパタゴニアのセロトーレ山に、わざとすぐれた技術を無視して、肉体の耐久性と注意力だけを頼りにして、挑んでいくのである。長いためらいと挫折ののちに、彼はとうとうその山の頂上にたどりつく。するとそこには、映画の女神のひとりであったメイ・ウェストの写真をくくりつけた、一本のピッケルが立っていたのだ。

パリにたどりついたヘルツォークを、アイスナーは優しく迎えてくれた。しかし、苦難の末にたどりついた山頂で、登山家を待っていたのは、すでにこの世にはいない女優の写真でしかない。ますますヘルツォークは孤独に近づいている。ますます彼は、あのカラスに近づきつつある。

訳者略歴
一九四四年生
東京都立大学大学院修了
ドイツ文学専攻
横浜市立大学名誉教授
主要訳書
ベンヤミン『モスクワの春』
フリードマン『評伝ヘルマン・ヘッセ』（上・下）
フロイト『父フロイトとその時代』
ゲッツ・フォン・ベルリヒンゲン『鉄腕ゲッツ行状記』
ハヌシェク『エーリヒ・ケストナー』
マッキンタイアー『エリーザベト・ニーチェ』
デ・パドヴァ『ケプラーとガリレイ』
ほか多数

氷上旅日記〔新装版〕
ミュンヘン―パリを歩いて

二〇二二年六月二五日　印刷
二〇二二年七月一五日　発行

著者　ヴェルナー・ヘルツォーク
訳者　©　藤《ふじ》川《かわ》芳《よし》朗《ろう》
発行者　及川直志
印刷所　株式会社三秀舎
発行所　株式会社白水社

東京都千代田区神田小川町三の二四
電話　営業部〇三（三二九一）七八一一
　　　編集部〇三（三二九一）七八二一
振替　〇〇一九〇-五-三三二二八
郵便番号　一〇一-〇〇五二
www.hakusuisha.co.jp
乱丁・落丁本は、送料小社負担にてお取り替えいたします。

株式会社松岳社

ISBN978-4-560-09455-6
Printed in Japan

パタゴニアふたたび

ブルース・チャトウィン、ポール・セルー［著］
池田栄一［訳］

1520年のマゼランによる発見以来、パタゴニアは人の住む最果ての地として西欧人の想像力をかき立ててきた。英米を代表する二人の旅行記作家が彼の地の不可思議な魅力を縦横に語る。

ウッツ男爵　ある蒐集家の物語

ブルース・チャトウィン［著］　池内 紀［訳］

冷戦下のプラハ、マイセン磁器の蒐集家ウッツはあらゆる手を使ってコレクションを守り続ける。蒐集家の生涯をチェコの現代史と重ね合わせながら、蒐集という奇妙な情熱を描いた傑作。

【白水Uブックス版】